职业院校新能源汽车专业任务驱动教学法创新教材

新能源汽车
电工电子技术基础

○ 主　编　周娇艳　许　平　班华仕
○ 副主编　江丽妍　邱　萍
○ 主　审　刘学军

电子工业出版社

Publishing House of Electronics Industry

北京·BEIJING

内 容 简 介

本书基于工作过程系统化的方法进行编写，根据新能源汽车的高压特性，从新能源汽车用电安全常识认知入手，随后讲解新能源汽车电路基础认知、直流电路的认知及应用、交流电路的认知及应用和数字电路的认知及应用，最后着重介绍新能源汽车常用电磁器件原理分析与检测和新能源汽车半导体器件的应用。内容由浅入深，逐步递进，不仅注重理论知识的传授，还特别强调对学生安全意识的培养。此外，为了方便读者学习，本书还配有电子教学资料包。

本书可以作为职业院校新能源汽车相关专业的教学用书，也可以作为培训参考用书供广大新能源汽车维修从业人员阅读。

未经许可，不得以任何方式复制或抄袭本书之部分或全部内容。
版权所有，侵权必究。

图书在版编目（CIP）数据

新能源汽车电工电子技术基础 / 周娇艳，许平，班华仕主编. — 北京 : 电子工业出版社, 2024. 6 (2025. 8 重印).
ISBN 978-7-121-48077-5

Ⅰ．U469.7

中国国家版本馆 CIP 数据核字第 2024GE0200 号

责任编辑：张镨丹
印　　刷：天津千鹤文化传播有限公司
装　　订：天津千鹤文化传播有限公司
出版发行：电子工业出版社
　　　　　北京市海淀区万寿路 173 信箱　邮编　100036
开　　本：880×1 230　1/16　印张：9.75　字数：219 千字
版　　次：2024 年 6 月第 1 版
印　　次：2025 年 8 月第 4 次印刷
定　　价：39.00 元

凡所购买电子工业出版社图书有缺损问题，请向购买书店调换。若书店售缺，请与本社发行部联系，联系及邮购电话：（010）88254888，88258888。
质量投诉请发邮件至 zlts@phei.com.cn，盗版侵权举报请发邮件至 dbqq@phei.com.cn。
本书咨询联系方式：（010）88254549，zhangpd@phei.com.cn。

前言
PREFACE

根据党的二十大精神，高质量发展是全面建设社会主义现代化国家的首要任务。推动战略性新兴产业融合集群发展，推动经济社会发展绿色化、低碳化是实现高质量发展的关键环节。新能源汽车是全球汽车产业转型升级、绿色发展的主要方向，也是我国汽车产业高质量发展的战略选择。

为了满足新能源汽车相关专业的教学需求，编者根据中等职业学校专业教学特点，基于"项目引领、任务驱动"的思路编写了本书。全书分为七个项目，每个项目又拆分为若干个任务，由浅入深、逐步递进，在讲解基本知识的基础上，注重技能实践，重点培养学生的实际动手操作能力，有助于学生养成良好的职业习惯。

本书理论知识编写以"必需"与"适用、够用"为原则，技能知识采用图片与文字结合的形式进行讲解，在任务实施环节设计相应的"任务书""作业单""评价表"，方便学生记录，让学生在反复练习中固化学习方法，提升综合素质。同时，本书设计秉承"以立德树人为根本任务"的原则，创新教学内容，引入思政元素，在学习过程中渗透职业素养的培育。

"新能源汽车电工电子技术基础"作为新能源汽车专业基础课程，是当下"职教高考"制度要求的重点内容，同时可为学生考取低压电工证打下坚实基础。本书旨在帮助学生深入理解新能源汽车电路和电子元器件的原理与应用，为后续学习专业核心课程提供有力支撑。

本书由柳州市第一职业技术学校周娇艳、许平，柳州五菱新事业发展有限责任公司班华仕担任主编，柳州市第二职业技术学校江丽妍和广西机电技师学院邱萍担任副主编，广西交通职业技术学院汽车工程学院院长刘学军教授担任主审。本书编写团队成员包括具有多年新能源汽车电工电子技术基础课程授课经验的正高级讲师、讲师，以及车企技术专家，编写团队专业知识扎实，技术水平过硬、职称结构合理。其中，周娇艳负责编写项目一、项目六、项目七，江丽妍负责编写项目四、项目五，邱萍负责编写项目二、项目三，班华仕负责提供图片素材，许平负责全书的统稿和定稿工作。

为了方便教师教学，本书还配有教学指南、电子教案及习题答案（电子版），请登录华信教育资源网免费注册后进行下载，如有问题请在网站留言板留言或与电子工业出版社联系。

由于编者水平有限，书中难免存在疏漏和不足之处，敬请广大读者批评指正。

编 者

目 录
CONTENTS

项目一 新能源汽车用电安全常识认知 ……………………………………… 001
  学习目标 …………………………………………………………………… 001
  情境描述 …………………………………………………………………… 002
    一、接受任务 …………………………………………………………… 002
    二、任务分析 …………………………………………………………… 002
  知识解析 …………………………………………………………………… 003
    一、日常用电安全认知 ………………………………………………… 003
    二、新能源汽车用电安全认知 ………………………………………… 004
    三、触电急救 …………………………………………………………… 008
  任务实施 …………………………………………………………………… 013
    一、任务准备 …………………………………………………………… 013
    二、实践操作 …………………………………………………………… 013
  理论测试 …………………………………………………………………… 017
  拓展新知 …………………………………………………………………… 018

项目二 新能源汽车电路基础认知 ……………………………………………… 019
  学习目标 …………………………………………………………………… 019
  情境描述 …………………………………………………………………… 020
    一、接受任务 …………………………………………………………… 020
    二、任务分析 …………………………………………………………… 020
  知识解析 …………………………………………………………………… 020
    一、电路的基本物理量 ………………………………………………… 020
    二、欧姆定律及其应用 ………………………………………………… 022
    三、电功和电功率 ……………………………………………………… 023
  任务实施 …………………………………………………………………… 024
    一、任务准备 …………………………………………………………… 024

二、实践操作 ……………………………………………………………… 024
　理论测试 …………………………………………………………………… 027
　拓展新知 …………………………………………………………………… 029

项目三　直流电路的认知及应用 …………………………………………… 031
　学习目标 …………………………………………………………………… 031
　情境描述 …………………………………………………………………… 032
　　一、接受任务 ……………………………………………………………… 032
　　二、任务分析 ……………………………………………………………… 032
　知识解析 …………………………………………………………………… 032
　　一、直流电路的基本概念 ………………………………………………… 032
　　二、简单直流电路的安装与测量 ………………………………………… 035
　　三、串联电路的安装与测量 ……………………………………………… 035
　　四、并联电路的安装与测量 ……………………………………………… 036
　任务实施 …………………………………………………………………… 038
　　一、任务准备 ……………………………………………………………… 038
　　二、实践操作 ……………………………………………………………… 038
　理论测试 …………………………………………………………………… 040
　拓展新知 …………………………………………………………………… 042

项目四　交流电路的认知及应用 …………………………………………… 044
　学习目标 …………………………………………………………………… 044
　情境描述 …………………………………………………………………… 045
　　一、接受任务 ……………………………………………………………… 045
　　二、任务分析 ……………………………………………………………… 045
　知识解析 …………………………………………………………………… 045
　　一、交流电路基本概念 …………………………………………………… 045
　　二、单相交流电路 ………………………………………………………… 048
　　三、三相交流电路 ………………………………………………………… 054
　　四、变压器 ………………………………………………………………… 060
　任务实施 …………………………………………………………………… 063
　　一、任务准备 ……………………………………………………………… 063
　　二、实践操作 ……………………………………………………………… 063
　理论测试 …………………………………………………………………… 067
　拓展新知 …………………………………………………………………… 069

项目五　数字电路的认知及应用 ··· 070
学习目标 ·· 070
情境描述 ·· 071
　　一、接受任务 ··· 071
　　二、任务分析 ··· 071
知识解析 ·· 071
　　一、逻辑电路 ··· 071
　　二、集成电路 ··· 085
任务实施 ·· 088
　　一、任务准备 ··· 088
　　二、实践操作 ··· 089
理论测试 ·· 091
拓展新知 ·· 092

项目六　新能源汽车常用电磁器件原理分析与检测 ············· 093
学习目标 ·· 093
情境描述 ·· 094
　　一、接受任务 ··· 094
　　二、任务分析 ··· 094
知识解析 ·· 094
　　一、电磁学基础知识 ·· 094
　　二、继电器的工作原理与检测 ··· 101
　　三、电磁阀的工作原理 ·· 105
　　四、点火线圈的工作原理及检测 ·· 108
任务实施 ·· 112
　　一、任务准备 ··· 112
　　二、实践操作 ··· 113
理论测试 ·· 116
拓展新知 ·· 117

项目七　新能源汽车半导体器件的应用 ······························· 119
学习目标 ·· 119
情境描述 ·· 120
　　一、接受任务 ··· 120
　　二、任务分析 ··· 120

知识解析 ·· 120
　一、二极管与发电机整流器 ·· 120
　二、三极管与交流发电机的电压调节器 ·· 131
　三、场效应管与逆变器 ·· 135
任务实施 ·· 140
　一、任务准备 ·· 140
　二、实践操作 ·· 140
理论测试 ·· 144
拓展新知 ·· 145

项目一

新能源汽车用电安全常识认知

学习目标

素养目标
1. 培养学生通过互联网、书籍等渠道获取信息的能力。
2. 让学生树立用电安全意识和节约用电意识。
3. 让学生树立全民急救意识。

知识目标
1. 了解我国电压分类标准。
2. 能准确说出用电安全方面的高压和低压分界线。
3. 掌握用电安全须知和不同情况下的安全电压标准。
4. 知道触电现象及危害,能分清不同的触电形式。

技能目标
1. 能正确使用新能源汽车维修个人安全防护用品,包括绝缘手套、绝缘帽、护目镜、绝缘靴、绝缘服。
2. 能够按照安全操作规程进行新能源汽车维修操作,避免触电事故的发生。
3. 能够正确进行触电急救,包括切断电源、进行人工呼吸、心肺复苏等。

情境描述

一个汽车维修店在维修新能源汽车时发生了一起触电事故，作为新能源汽车专业的学生，帮忙分析导致此次触电事故的原因可能是什么？事故发生后应如何处理？如何防范此类事故的发生？

一、接受任务

全班分组讨论导致触电事故发生的原因，发生触电事故后的处理流程，以及如何防范触电事故的发生，每一组请一名同学扮演触电的维修人员，两名同学扮演汽车维修店内的员工，组内其他同学观察并记录做得好的地方及需要改进的地方。

二、任务分析

随着国家和地方政策的推动，人们对新能源汽车的接受度越来越高，新能源汽车也越来越多。新能源汽车维修与传统汽车维修有很大区别，对相关人员的要求也不一样。新能源汽车维修人员应具备以下新能源汽车用电安全常识。

（1）国家规定特种作业操作人员必须做到持证上岗，新能源汽车维修人员必须经过专业的技能培训，并且掌握必要的新能源汽车电工操作技能，熟悉安全知识，才能从事专业性及安全性极高的新能源汽车维修工作。

（2）新能源汽车维修人员应该了解我国电压分类标准，知道一般新能源汽车中动力电池的电压范围，掌握几种情况下的特低电压（安全电压）。

（3）新能源汽车维修人员应该能实施有效的新能源汽车的高压安全防护措施，了解新能源汽车高压个人安全防护用品并能对其进行检查。

（4）新能源汽车维修人员应该了解触电现象及其发生原因，在发生触电事故时，能进行正确处理及急救。

（5）新能源汽车维修人员应该具备急救能力。急救的重点是"急"，在遇到突发情况时有人立刻施救，对于保障人体生命安全十分关键。如果不能在第一时间做到科学有效救护，遭遇意外的人很可能出现不可逆的健康损失，甚至失去生命。不是每个遭遇意外的人都能及时遇到医护人员，因在场人员缺乏急救技能而错失抢救时机的事件时有发生，提升全民急救能力很必要。

知识解析

一、日常用电安全认知

（一）200V 到底是高压还是低压

根据我国电力系统电压等级划分标准，额定电压在 1kV 以上的称为高电压，额定电压在 1kV 以下的称为低电压。我国新能源汽车的动力电池电压一般为 200~750V，具体以汽车制造厂设计的电压为标准，微型车的动力电池因为电量少有些电压只有 110V。因此，新能源汽车的带电零部件电压属于低电压。根据国家规定，新能源汽车维修人员需要考取由中华人民共和国应急管理部颁发的特种作业操作证（低压电工操作证）。

GB 18384—2020《电动汽车安全要求》中的"电压等级"部分，根据不同电压可能对人体产生的伤害和危险程度，将电压分为 A、B 两个等级（见表 1-1）。

表 1-1 电压等级

电压等级	最大工作电压/V	
	直流	交流（RMS）
A	$0<U\leq60$	$0<U\leq30$
B	$60<U\leq1500$	$30<U\leq1000$

A 级电压：不要求提供触电防护。

B 级电压：对于任何 B 级电压电路中的带电部件，必须为人员提供触电防护。

所以汽车行业中的高压是指高于 30V 的交流电压或高于 60V 的直流电压。

新能源汽车的电压都是 B 级电压，因此在对新能源汽车进行维护维修时需要采取安全防护措施。

（二）特低电压等级

为了防止人员发生电击事故，GB/T 3805—2008《特低电压（ELV）限值》规定，在单故障状态下，环境状况 1（如人体浸在水中）对应交流安全电压为 0、直流安全电压为 0；环境状况 2（如潮湿条件）对应交流安全电压为 33V，直流安全电压为 70V；环境状况 3（如干燥条件）对应交流安全电压为 55V，直流安全电压为 140V；在电池充电环境下，交流安全电压和直流安全电压分别为 75V 和 150V。

在特别危险环境中使用的手持电动工具应采用 42V 安全电压，在有电击危险环境中使用的手持照明灯和局部照明灯应采用 36V 或 24V 安全电压，在金属容器内、特别潮湿处等特别危险环境中使用的手持照明灯应采用 12V 安全电压，在水下作业等场所中使用的手持电动工具应采用 6V 安全电压。在没有特殊作业环境中安全电压一般是指 36V，原因是人身触电后能自主摆脱电源的最大电流值约为30mA，而在干燥环境中人体电阻一般为1000~2000Ω。

（三）实训室中用电安全要求

实训室是学生进行实操训练的主要场所，各种用电设备、工具比较集中，在上课时人多、空间有限比较容易引发触电事故，因此在进入实训室前要熟悉实训室的各项安全规定，熟悉各种用电设备的安全操作规程，严格按照每个项目的实训操作要求在老师的指导下进行操作，具体要求如下。

（1）实训室内的所有带电设备、开关等都要贴好警示标识。

（2）未经老师许可，不得擅自使用各种用电设备和工具等。

（3）严格按照每个项目的安全操作规程进行操作，特别注意老师提醒的实训操作要点和注意事项。

（4）在使用绝缘工具前，先仔细检查工具的绝缘部分是否有破损，以免触电。

（5）在排查故障前，先切断电源并用检测工具检查电路是否带电，严禁不戴绝缘手套直接用手触摸。

（6）在进行新能源汽车作业时，必须安排安全监护人。

（7）操作过程中双手要保持干燥。

（8）实训任务完成后要恢复工位，工具要归位，进行7S管理。

二、新能源汽车用电安全认知

（一）新能源汽车高压标识认知

由于新能源汽车上的动力电池组、驱动电机、电机控制器、DC-DC转换器、高压配电箱、空调、PTC（Positive Temperature Coefficient，汽车加热器）等都是高压部件，为了避免触电，在设计新能源汽车时高压部件和高压线路用醒目的橙色或黄色标出，如图1-1所示。

橙色高压线束　　橙色高压连接器　　高压警告标识

图1-1　高压部件和高压线路标识

（二）新能源汽车维修个人安全防护用品认知

作为新能源汽车维修人员，不可避免地要接触高压部件和高压线路，只要做好防护，严格按照安全操作规程操作，就无须害怕。

防止触电的高压个人安全防护用品主要有绝缘手套、绝缘帽、护目镜、绝缘靴、绝缘服等。对新能源汽车维修人员而言，正确选用和检查高压个人安全防护用品是必备技能。

1. 绝缘手套的选用与检查

绝缘手套是指在高压电气设备上进行带电作业时起电气绝缘作用的手套，可以避免使用者在接触带电电路时受到电击伤害，如图1-2所示。

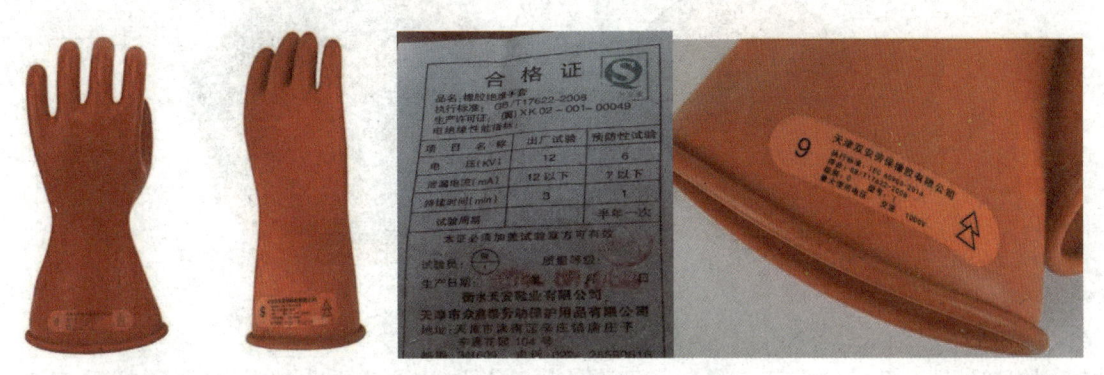

图1-2 绝缘手套

绝缘手套是由天然橡胶或合成橡胶制成的五指手套，每只手套上都有明显且持久的标记，内容包括：标记符号、使用电压等级/类别、制造单位或商标等；其合格证上有生产日期、试验周期、检验合格印章等。根据电力行业安全工作规程的有关规定，绝缘手套应每六个月由专门机构用专用设备进行一次测试，如不符合要求应立即停止使用。

使用电压等级越高绝缘手套越厚。根据新能源汽车高压带电部件的电压值应选用使用电压等级为0级（或最大使用电压为1000V）的绝缘手套。

在使用绝缘手套前要进行以下检查。

（1）是否在有效期内和是否每半年进行一次测试。

（2）检查外观是否有粘连、裂纹、破损、砂眼等。

（3）进行气密性检查，具体操作方法为将手套从手套口卷起，将气体挤压到手掌和手指处，检查是否漏气。

注意事项如下。

（1）严禁使用吹气方式检查气密性。

（2）穿戴时将袖口扎紧套入手套内。

（3）不可戴着手套抓拿尖锐带刺物品，以防手套被刺破。

2. 绝缘帽的选用与检查

绝缘帽是用于保护电力从业人员头部的特种个人防护装备，能够抵御一定电压，预防电击事故的发生，如图1-3所示。

由于新能源汽车含有高压部件，所以应选用具有绝缘性能的安全帽。所有具有绝缘性能的安全帽，不管什么材质，其帽壳上不得有任何透气孔，否则就不具备绝缘性能。

在使用绝缘帽前要进行以下检查。

（1）检查绝缘帽的永久标识。GB 2811—2019《头部防护 安全帽》规定安全帽的永久标识应位于产品主体内侧，在产品整个生命周期内一直保持清晰可辨，且至少包括以下内容：

标准编号、制造厂名、生产日期（年、月）、产品名称、产品的分类标记、产品的强制报废期限。

图 1-3 绝缘帽

（2）检查外观，包括帽壳、帽衬、下颌带和附件。帽衬缓冲垫与帽内顶部垂直距离应为 25～50mm，最好不小于 32mm。这样，在遭受冲击时才能保证帽体有足够的缓冲空间，同时有利于头部通风。任何受过重击的安全帽，即使无损坏现象也不可再使用。

3. 护目镜的选用与检查

护目镜指的是对眼部形成保护的安全眼镜，如图 1-4 所示。新能源汽车维修人员使用护目镜的目的是在发生高压电事故时防止电弧烧伤眼睛或飞溅的液体对眼睛造成伤害。应选用带侧防护的防辐射型护目镜，其镜片由不导电材料制成。

图 1-4 护目镜

在使用护目镜前要进行以下检查。

（1）产品是否有产品合格证，且是否在有效期内。

（2）护目镜的宽窄和大小是否适合使用者的脸型。

（3）外观有无损坏，镜面是否干净。

注意：护目镜要专人专用，防止传染眼部疾病。

4. 绝缘靴的选用与检查

绝缘靴是使人体与地面保持绝缘，防止电流通过人体、车辆和大地组成的回路对人体造成电击伤害，如图 1-5 所示。

根据新能源汽车高压部件电压应选用耐压值不低于 1000V 的绝缘靴。

GB 21148—2020《足部防护 安全鞋》规定绝缘靴全鞋必须无金属，必须有清晰持久的标识。

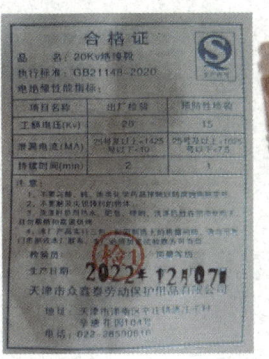

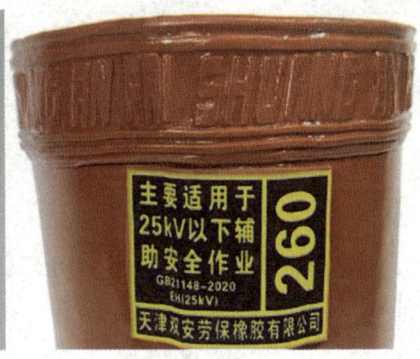

图1-5 绝缘靴

在使用绝缘靴前要进行以下检查。

（1）产品合格证上标出的耐压值是否高于1000V。

（2）外观是否有破损。

（3）鞋号是否与使用者所穿尺码相符。

5. 绝缘服的选用与检查

绝缘服不但要绝缘，还要在发生高压事故时阻断电弧产生的热量，起到阻燃隔热的效果，如图1-6所示。应选用满足绝缘、阻燃和隔热作用的防护服。

在使用绝缘服前要进行以下检查。

（1）产品是否有检测合格证，且是否在有效期内。

（2）外观是否有破损。

（3）尺码是否与使用者所穿尺码相符。

图1-6 绝缘服

（三）新能源汽车维修安全操作规程

个人安全防护只是辅助，最主要的是要时刻有安全意识，严格按照安全操作规程进行操作，新能源汽车维修必须做到"安全第一，预防为主"，做好以下几方面工作。

（1）操作人员及安全监护人都必须有中华人民共和国应急管理部门授予的低压电工操作证。

（2）操作人员及安全监护人必须佩戴合格的个人安全防护用品，操作人员必须使用绝缘工具及专用检测设备（下面会在具体使用某个检测设备时介绍其使用方法）。

（3）在下电操作前工位处要设置隔离栏、警戒线和高压警示标识。

（4）下电操作要做到"断、防、查"。"断"是指先将启动开关按至OFF挡，再拔除维修开关；"防"是指隔离维修开关，将维修开关保护起来，防止有人误将其插回；"查"是指拔除维修开关后要等待5min让高压电容充分放电，再使用放电工装进行检测，确认已无高压电。

（5）维修过程中要设置禁止标识。

三、触电急救

安全电压就一定安全吗？12V 的电压就可以随便摸吗？超过安全电压就一定不安全吗？大家都有在秋冬季节被静电电到的经历，使用静电检测仪对人在秋冬季节释放的静电进行检测会发现，人体静电释放电压超过 10kV。10kV 是公认的高压电，可是为什么从没听说谁被静电电倒了呢？

（一）什么是触电

触电是指人体触及或接近高压带电体引起的人体局部受伤或死亡的现象，本质是一定强度的电流穿过人体造成的伤害。

（二）触电危害

根据人体受到伤害的程度不同，触电可以分为电伤和电击两种。

1. 电伤

电伤是指电流通过人体时造成的外伤，一般是由电流的热能、化学能、机械能等转换为其他形式的能量作用于人体造成的，主要表现为电灼伤、电烙印、皮肤金属化、机械性损伤，以及电光眼等。

（1）电灼伤：电灼伤是电流的热效应造成的伤害，分为接触灼伤和电弧灼伤两种情况。接触灼伤是人体与高压带电体接触，当电流通过人体皮肤时，电能转换为热能在进、出口造成伤害。在一般情况下，电灼伤伤口入口比出口严重。电弧灼伤是由弧光放电造成的烧伤。电弧的产生方式主要有误操作产生的电弧、带电作业时短路产生的电弧、人体过分接近高压带电体产生的电弧。极高的电弧温度会将皮肤灼伤，分为直接电弧灼伤和间接电弧灼伤两种情况。直接电弧灼伤是带电体与人体之间产生电弧，有电流通过人体的烧伤；间接电弧灼伤是在人体附近产生的电弧造成的人体烧伤，包括熔化的炽热金属溅出造成的烫伤。

（2）电烙印：人体与带电体接触的部位留下的永久性瘢痕，瘢痕处的皮肤失去弹性，表皮坏死。

（3）皮肤金属化：电弧的温度极高（6000~8000℃），电弧周围的金属熔化、挥发后飞溅到皮肤表层并渗入，皮肤变得坚硬或粗糙并呈现特殊的颜色。皮肤金属化多是在弧光放电时发生和形成的。在一般情况下，这种伤害是局部的。

（4）机械性损伤：在电流作用于人体时，由中枢神经反射和肌肉强烈收缩等作用导致的机体组织断裂、骨折等。

（5）电光眼：在发生弧光放电时，红外线、可见光、紫外线等会对眼睛造成伤害，电光眼表现为角膜炎或结膜炎。

2. 电击

电击是指电流在通过人体时造成的内部器官在生理上的反应和病变。对于大小不同的电流，人体会产生针刺感、击痛感、灼热感、痉挛、麻痹、昏迷，甚至会出现心室颤动或心搏骤停，呼吸困难或停止。

电击对人体的伤害程度主要与通过人体的电流的强度、持续时间、频率，以及电流通过人体的路径及触电者的健康程度有关。

人体有一定的电阻，在人体与带电体构成电流回路时，通过人体的电流越大，人体内部器官的应激生理反应和病理反射越明显，引起心室颤动所需的时间越短，致命的危险性越大。按照人体呈现的状态，可以将通过人体的电流分为如下三个级别。

（1）感知电流：通过人体引起人有任何感觉的最小电流（有效值）。在一般情况下，感知电流不会对人体造成伤害，但当电流增大，感觉增强，应激生理反应更强烈时，可能会导致坠落等二次事故的发生。

（2）摆脱电流：当通过人体的电流超过感知电流时，肌肉收缩会增加、刺痛感会增强、感知范围会扩大。当电流增大到一定程度时，由于中枢神经反射和肌肉收缩痉挛，触电人将不能自行摆脱带电体。在一定概率下，人触电后能自行摆脱带电体的最大电流称为该概率下的摆脱电流。摆脱电流的最小值称为摆脱阈值。摆脱电流与人体生理特征、电极形状、电极尺寸等因素有关。在 50%概率下成年男子的摆脱电流约为 16mA，成年女子的摆脱电流约为 10.5mA；在 99.5%概率下成年男子的摆脱电流约为 9mA，成年女子的摆脱电流约为 6mA。儿童的摆脱电流小于成年人的摆脱电流。摆脱电流是人体可以忍受但一般不致造成不良后果的电流。当通过人体的电流超过摆脱电流时，人会感到异常痛苦；若电流持续时间过长，则可能造成昏迷、窒息，甚至死亡。因此，可以认为摆脱电流是表明最大危险的界限。

（3）室颤电流：通过人体的引起心室发生纤维性颤动的最小电流。室颤电流是短时间内最小的致命电流。室颤电流受电流持续时间、电流通过人体的路径、电流种类、人体生理特征等因素的影响。当电流持续时间超过心脏搏动周期时，室颤电流约为 50mA；当电流持续时间短于心脏搏动周期时，室颤电流为数百毫安。例如，当电流持续时间短于 0.1s 时，电击发生在心脏易损期，500mA 以上的电流可引起心室颤动。

在发生电击事故时，电流通过人体的路径通常是手到手（最极端的情况是两只手分别碰触两根相线）或手到脚（某只手触碰某根相线）。

在一般情况下，电流通过人体的路径中最薄弱的器官是心脏，且电流通过人体的路径为手到手时人体电阻最小。

综上所述，导致人触电的原因主要与以下因素有关。

（1）电流的大小。

（2）电流通过人体的路径。

（3）电流持续时间。

静电的电压虽然高，但是接触时间往往非常短，不足以对人体造成大的伤害。

（三）触电方式及其触电防护

常见的触电方式一般有两种，即直接接触触电和间接接触触电。

1. 直接接触触电

直接接触触电是因人体直接接触带电体或人体过分接近带电体而发生的触电现象，包括单相触电和双相触电。

（1）单相触电。

单相触电是人站在地面上因人体的某个部位接触到某根相线而发生的触电现象。单相触电又分为中性点接地电网中发生的单相触电和中性点不接地电网中发生的单相触电。

① 在中性点接地电网中发生单相触电时，电流经由相线流经人体、大地和接地体再到电源中性点形成回路，如图1-7（a）所示。

② 在中性点不接地电网中发生单相触电时，由于相线与大地间存在分布电容，电容电流从另外两相流入大地，并经由人体到触及的相线形成回路，如图1-7（b）所示。

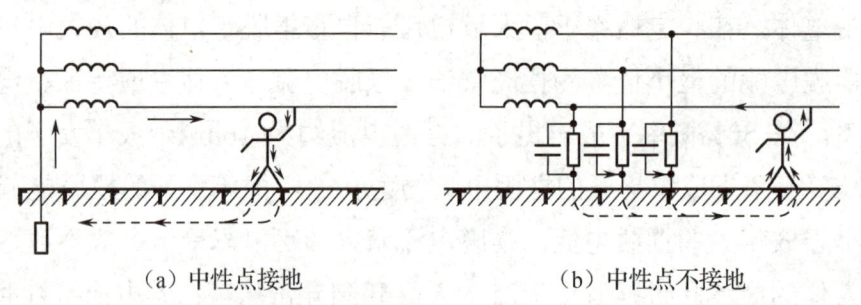

（a）中性点接地　　　　（b）中性点不接地

图1-7　单相触电

防单相触电的措施为人体站在干燥的绝缘木板上。要求在新能源汽车维修场地安放绝缘地垫。

（2）双相触电。

双相触电是因人体同时接触设备或线路中的两相导体而发生的触电现象，如图1-8所示。

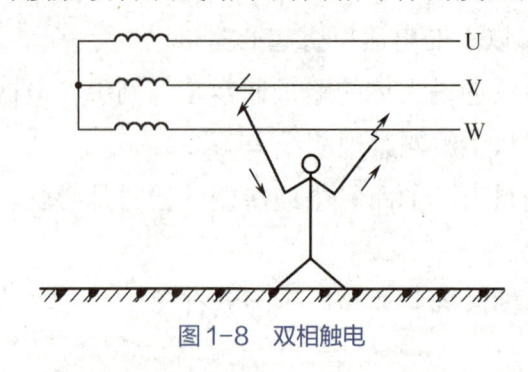

图1-8　双相触电

防双相触电的措施就是工作人员做好个人防护，戴好绝缘帽，穿好绝缘服，戴上绝缘手套，穿好绝缘靴等。

2. 间接接触触电

间接接触触电是因人体触及带电的设备外壳或金属构架（正常情况下不带电）而发生的

触电现象，包括跨步电压触电和接触电压触电。

（1）跨步电压触电。

跨步电压触电是由于线路的一根带电相线断落，在与地面接触位置形成以接触点为中心，成圆形向四周发散的电位分布区域，当人在这个区域行走时，两脚所处位置电位不同，电流从高电位流入，从低电位流出，从而形成跨步电压，导致触电，如图1-9所示。离电流流入点越近的地方，电位越高；反之，电位越低。距电流流入点超过20m处的电位接近于0。

图1-9 跨步电压触电

（2）接触电压触电。

接触电压触电是由于电气设备在发生接地故障时设备外壳与大地电位不相等，人体在同时接触漏电设备外壳和地面时会产生接触电压，从而导致触电。

防跨步电压触电与接触电压触电的措施如下。

- 接触电压和跨步电压与接地电流、土壤的电阻率、设备的接地电阻和人体位置等因素有关。用中性点直接接地的低压电网取代中性点不接地的低压电网，并配以灵敏的漏电保护器来防止接触电压触电。

- 当误入电流流入点地面电位区域时，应两脚并拢或单腿跳跃，离至电位分布区8～10m以外。

- 人在穿绝缘靴时，受到的接触电压和跨步电压将大大降低。

大量的统计资料表明，90%以上的事故是人为因素造成的，主要原因是安全知识不够，安全制度不严，安全措施不完善等，而且低压触电事故率高于高压触电事故率。目前，中性点不接地的低压电网逐渐被中性点直接接地的低压电网取代，并配有灵敏的漏电保护器，可保证在0.1s内切断电源。单相触电对人身的伤害虽然没有双相触电严重，但是一旦发生也有致命危险。接触电压触电和跨步电压触电具有隐蔽性和不确定性，更应该谨慎。

（四）触电急救

触电急救是新能源汽车维修人员必须掌握的一项基本技能，也是新能源汽车从业人员的必备条件之一。在日常生活中，绝对避免触电是不可能的，一旦发生触电事故，要积极采取施救措施。

（1）使触电者迅速脱离电源。当发现有人触电时，在保证安全的前提下应第一时间使触电者脱离电源。如果能切断电源，就切断电源，如果不能切断电源，就使用绝缘材料（干燥的木棒等）将带电体从触电者身上移走。如果无法将触电者拉离电源，可用绝缘绳索将触电者拉到干燥的木板上，以切断回路。救护者切不可直接接触电线裸露部分和触电者。

（2）立即拨打120急救电话或呼叫他人帮忙拨打120急救电话，并让人在附近寻找体外除颤仪。

（3）正确实施现场救护。触电急救必须分秒必争，据统计，在1min内对触电者进行有效抢救，救活率超过90%；4min内进行抢救，救活率能达到50%；7min内进行抢救，救活率将降到30%；10min后才进行抢救，救活率仅为10%；12min后进行抢救，救活率几乎为0。在室温下，心搏骤停4min后脑细胞将出现不可逆转的损害；如果时间超过10min，即使病人抢救过来，也可能出现脑死亡。

所以对救护者的要求是救护要及时，救护方法要正确。

将触电者转移到安全处后根据伤害程度采取不同急救措施。

如果触电者出现假死状态，可对触电者的心脏进行有规律的按压，使其恢复搏动，维持血液循环。如果触电者呼喊无反应，无呼吸，无心跳，可对其进行胸外按压和人工呼吸。胸外按压和人工呼吸比为30∶2，即30次胸外按压2次人工呼吸。

如果触电者有心跳，但呼吸停止或极其微弱，可对其进行人工呼吸，以保证不间断地向触电者供氧。

如果触电者有呼吸，但心跳停止或极其微弱，可对其进行胸外按压。

如果触电者神志清醒，但四肢麻木、心慌乏力，可先将其移到通风处休息，等待救护人员的到来。

事故无论轻重都需要就医，因为有些危害在短时间内不会出现，但可能在几个小时，甚至几天、几周后会出现。

随着急救常识的普及，公共场合大都配置了体外除颤仪。体外除颤仪（以自动体外除颤仪为例）的使用步骤如下。

（1）开机。

自动体外除颤仪开盖即开机，整个界面只有一个除颤键。这种设计有利于避免施救者因慌乱按错键，耽误救援时间。

（2）贴电极片。

将电极片贴到患者的胸壁上（一定要注意不能有衣物遮挡），看电极片图示或听语音，按"右胸上，左胸下"的规则正确贴好电极片。贴好电极片后，自动体外除颤仪会自动进行心律分析。自动体外除颤仪的电极片是不分左右的，但是电极片位置不可以改变，必须是"右胸上，左胸下"。

（3）除颤。

在分析心律时不要碰触患者，以免分析结果不准确。如果需要除颤，自动体外除颤仪会提示："建议除颤，正在充电，请不要触碰患者。"充电完成后，自动体外除颤仪会提示："请按下黄色闪烁的按钮。"此时，立马按下相应按钮进行放电（放电时要远离患者，以免受伤）。完成除颤后继续对触电者进行胸外按压和人工呼吸。

切记，胸外按压和自动体外除颤仪都不能对正常人使用。实操训练胸外按压和自动体外除颤仪应使用假人和自动体外模拟除颤仪完成。自动体外除颤仪及自动体外模拟除颤仪如图1-10所示。

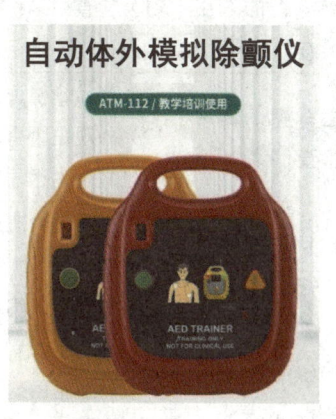

图1-10 自动体外除颤仪及自动体外模拟除颤仪

任务实施

一、任务准备

由于在进行新能源汽车作业时需要实施个人防护，因此一个任务是个人安全防护用品的选用与检查，其任务书、作业单和评价表分别如表1-2、表1-3、表1-4所示；另外一个任务是触电急救，其任务书、作业单和评价表分别如表1-5、表1-6、表1-7所示。触电急救时间紧迫，在进行实操前一定要熟练掌握胸外按压和人工呼吸的操作方法，以及自动体外除颤仪的使用方法。

教具学具准备：新能源汽车个人安全防护用品4套，假人4个，自动体外模拟除颤仪4个，一次性人工呼吸防护膜1盒。

二、实践操作

（一）任务一：个人安全防护用品的选用与检查

1. 实施作业前先填写本任务书空白内容（见表1-2）

表1-2 个人安全防护用品的选用与检查任务书

序号	作业内容	检查内容	要点或注意事项
1	绝缘手套的选用与检查	（1）是否在有效期内和是否每半年进行一次测试 （2）检查外观是否有粘连、裂纹、破损、砂眼等 （3）进行气密性检查	

续表

序号	作业内容	检查内容	要点或注意事项
2	绝缘帽的选用与检查	（1）检查绝缘帽的永久标识 （2）检查外观，包括帽壳、帽衬、下颌带和附件	
3	绝缘靴的选用与检查	（1）产品合格证上标出的耐压值是否高于1000V （2）外观是否有破损 （3）鞋号是否与使用者所穿尺码相符	
4	护目镜的选用与检查	（1）产品是否有产品合格证，且是否在有效期内 （2）护目镜的宽窄和大小是否适合使用者的脸型 （3）外观有无损坏，镜面是否干净	
5	绝缘服的选用与检查	（1）产品是否有检测合格证，且是否在有效期内 （2）外观是否有破损 （3）尺码是否与使用者所穿尺码相符	

2. 实施作业并填写作业单（见表1-3）

表1-3 个人安全防护用品的选用与检查作业单

序号	作业内容	检查结果	备注（不正常的情况下注明）
1	绝缘手套的选用与检查	□正　常 □不正常	
2	绝缘帽的选用与检查	□正　常 □不正常	
3	绝缘靴的选用与检查	□正　常 □不正常	
4	护目镜的选用与检查	□正　常 □不正常	
5	绝缘服的选用与检查	□正　常 □不正常	

3. 完成作业后，请填写评价表（见表1-4）

表1-4 个人安全防护用品的选用与检查评价表

项目	评价指标	自评	组内互评
工作任务	认识作业要求	□合　格 □不合格	□合　格 □不合格
	按要求完成作业	□合　格 □不合格	□合　格 □不合格
	作业单填写完整	□合　格 □不合格	□合　格 □不合格

续表

项目	评价指标	自评	组内互评
职业素养	工作服整洁	□合　格 □不合格	□合　格 □不合格
	正确查阅维修资料和学习材料	□合　格 □不合格	□合　格 □不合格
	合作默契，交流顺畅	□合　格 □不合格	□合　格 □不合格
个人反思			
教师评价	教师签字： 日　　期：	成　　绩	
		□合　格	□不合格

（二）任务二：触电急救

1. 实施作业前先填写本任务书空白内容（见表1-5）

表1-5　触电急救任务书

序号	作业内容	操作内容	要点或注意事项
1	使触电者迅速脱离电源	（1）直接切断电源 （2）在不能切断电源时，使用绝缘材料（干燥的木棒等）将带电体从触电者身上移走 （3）如果无法将触电者拉离电源，可用绝缘绳索将触电者拉到干燥的木板上，以切断回路	
2	拨打120急救电话	（1）若附近没有其他人，则直接拨打120急救电话 （2）呼叫他人帮忙拨打120急救电话，并让其在附近寻找体外除颤仪	
3	判断并正确实施现场救护	（1）如果触电者呼喊无反应，无呼吸，无心跳，可对其进行胸外按压和人工呼吸。胸外按压和人工呼吸比为30∶2，即30次胸外按压2次人工呼吸。若有自动体外除颤仪，则优先使用自动体外除颤仪，除颤后再进行胸外按压和人工呼吸 （2）如果触电者有心跳，但呼吸停止或极其微弱，可对其进行人工呼吸，以保证不间断地向触电者供氧 （3）如果触电者有呼吸，但心跳停止或极其微弱，可对其进行胸外按压，或者使用自动体外除颤仪除颤后再进行胸外按压 （4）如果触电者神志清醒，但四肢麻木、心慌力乏，可先将其移到通风处休息，等待救护人员的到来	

2. 实施作业并填写作业单（见表 1-6）

表 1-6　触电急救作业单

序号	作业内容	操作过程	备注（不正确的原因）
1	使触电者迅速脱离电源	□正　确 □不正确	
2	拨打 120 急救电话	□正　确 □不正确	
3	判断并正确实施现场救护	□正　确 □不正确	

3. 完成作业后，请填写评价表（见表 1-7）

表 1-7　触电急救评价表

项目	评价指标	自评	组内互评
工作任务	认识作业要求	□合　格 □不合格	□合　格 □不合格
	按要求完成作业	□合　格 □不合格	□合　格 □不合格
	作业单填写完整	□合　格 □不合格	□合　格 □不合格
职业素养	工作服整洁	□合　格 □不合格	□合　格 □不合格
	正确查阅维修资料和学习材料	□合　格 □不合格	□合　格 □不合格
	合作默契，交流顺畅	□合　格 □不合格	□合　格 □不合格
个人反思			
教师评价	教师签字： 日　　期：	成　　绩	
		□合　格	□不合格

理论测试

一、填空题

1. 根据我国电力系统电压等级划分标准，额定电压在_____以上的称为高电压，额定电压在_____以下的称为低电压。

2. 按我国电力系统电压等级划分标准，新能源汽车的带电零部件电压属于低电压，根据国家规定，新能源汽车维修人员需要考取的特种作业操作证是_____。

3. 根据人体受到伤害的程度不同，触电可以分为_____和_____。

4. 当误入电流流入点地面电位区域时，为防止跨步电压触电，应两脚并拢或单腿跳跃，离至电位分布区_____m 以外。

5. 用自动体外除颤仪除颤后应该立即对触电者继续实施_____。

二、不定项选择题

1. 如果有人触电后出现心脏搏停和呼吸停止，胸外按压和人工呼吸比为（　　）。

    A．30∶2　　　B．30∶1　　　C．30∶3　　　D．60∶2

2. 自动体外除颤仪贴电极片的位置应为（　　）。

    A．右胸上，左胸下　　　B．左胸上，右胸下

    C．右胸上，左胸上　　　D．左胸下，右胸下

三、判断题

（　）1．新能源汽车维修操作人员只要能保证自身安全就可以在没有安全监护人的情况下作业。

（　）2．12V 的电源对人体来说是绝对安全的。

（　）3．绝缘手套只要没有破损就可以一直用。

（　）4．维修开关拔除后要放在工具车上。

（　）5．宝骏 E100 的动力电池只有 110V，所以维修时不需要进行高压安全防护。

（　）6．在发现有人触电时，在保证安全的前提下应第一时间使触电者脱离电源。

（　）7．发生触电事故后，如果不严重可以不去医院直接回家。

四、简答题

简述新能源汽车实训室中的用电安全要求。

拓展新知

体外除颤仪的原理

在发生心室颤动时，心肌的收缩是无规律的，无法有效地将血液送至全身。体外除颤仪的作用就是对心脏进行电击，让紊乱的心律回归正常，去除心脏的"颤动"，使其恢复正常的泵血功能。通俗地讲，体外除颤仪就像电脑的电源键，心脏电活动紊乱、心肌停止有效收缩相当于电脑死机。这时除颤相当于按下电源键，让电脑重新启动。当然，如果电脑硬件系统问题比较严重可能无法成功重启。所以，体外除颤仪不是万能的！但如果不及时除颤，心室颤动导致的缺血会迅速导致脑细胞损伤，甚至出现脑死亡。

项目二

新能源汽车电路基础认知

学习目标

素养目标
1. 培养学生通过学习维修手册来获取维修标准参数的能力。
2. 通过叙述电路基本物理量的含义，培养学生的语言表达能力。
3. 通过独立操作与检查，培养学生善于观察的能力。
4. 树立 7S 标准规范意识，培养学生精益求精的工作态度。

知识目标
1. 能叙述电路的基本物理量及其含义。
2. 能够用欧姆定律进行基本的电路计算。
3. 能够计算电功率。

技能目标
1. 能够独立完成新能源汽车直流母线的外观检查。
2. 能够结合维修手册要求，使用钳形电流表独立检测新能源汽车高压直流电的工作情况。

情境描述

一辆新能源汽车在使用一段时间后，需要定期进行维护保养，在维护保养过程中要对其高压直流母线电流进行检查，以判断新能源汽车高压直流电的工作情况。作为新能源汽车专业的学生，请分析如何对新能源汽车高压直流母线电流进行检查。

一、接受任务

全班分组讨论新能源汽车高压直流母线电流检查的内容及步骤。同学们需要结合维修手册对高压直流母线电流进行检查，每一组请一名同学扮演维修人员，两名同学扮演维修店内员工，组内其他同学观察并记录做得好及需要改进的地方。

二、任务分析

本任务以检查新能源汽车高压直流母线电流为例，通过一个完整的检查流程，学习新能源汽车电路，并学会使用钳形电流表检测新能源汽车高压直流母线电流的方法。

知识解析

一、电路的基本物理量

（一）电流

电流是指单位时间内通过某一导体横截面的电荷量。电荷（无论是正电荷还是负电荷）定向移动形成电流。在金属导体中，电流是自由电子有规则地定向移动形成的。电流的大小用电流强度来表示。电流强度简称"电流"。

电路中有两种类型的电流——一种叫作直流电，另一种叫作交流电。

直流电用字母 DC 表示，其电荷在电路中沿一个方向流动。在直流电路中，电流的方向是恒定的，即从正极流向负极。

交流电用字母 AC 表示，其电荷在电路中沿两个方向交替流动。在交流电路中，电流的方向会随着时间的变化而改变，即电流的方向会周期性地反向流动。

电流的单位是安培，简称安，符号为 A。在实际应用中，也常用毫安（mA）或微安（μA）作单位。1A=1000mA，1mA=1000μA。

（二）电压与电位

电压又称电位差，表示电场或电路中两点间的电位之差。电压反映了电场力对电荷做功的能力，数值上等于电场力把单位正电荷从电源的正极经外电路移到负极所做的功。电压越高，电场力的做功能力越强；电压越低，电场力的做功能力越弱。电压常用符号 U 来表示，单位是伏特，简称伏，符号为 V。在实际应用中，也常用毫伏（mV）或微伏（μV）作单位。1V=1000mV，1mV=1000μV。

电位又称电势，是指电场力将单位正电荷从该点移动到参考点（零电位点）所做的功，即为单位正电荷在该点所具有的电势能。电位有正有负，由在电路中选择的零电位决定。假定 B 点电位为零，A 点电位比 B 点高，则 A 点电位为正电位。假定 A 点电位为零，B 点电位比 A 点低，则 B 点电位为负电位。电位用 ϕ 表示，单位是伏特，简称伏，符号为 V，是一个标量。

（三）电动势

电池的电动势是指在电池内部将电子从正极搬运到负极，建立并维持电位差的本领，其在数值上等于电池中的正极和负极的平衡电极电位之差。电动势是表征电池对外做功能力的物理量，当其他条件相同时，电动势越高，理论上电池能输出的能量就越大。在等温等压条件下，电动势大小与电池体系的吉布斯自由能的变化量有关。因此，不同的化学电源体系，其电动势不同。

非电场力把单位正电荷 Q 从电源内部低电位处移到高电位处所做的功 W 称为电动势，用字母 E 表示：

$$E = \frac{W}{Q}$$

电动势的单位与电压相同，也用 V 表示。电动势的极性和实际方向是客观存在的。

在电路中，必须有一个外力把正电荷源源不断地从低电位处移到高电位处，才能在闭合电路中形成电流的连续流动，这是由电源来完成的。在电源内部，由于电源力的作用，正电荷从低电位处移向高电位处。在不同类型的电源中，电源力的来源不同。例如，电池中的电源力是由化学作用产生的；发电机的电源力是由电磁作用产生的。电源电动势的实际方向是由负极指向正极，即为由电源的低电位指向高电位，也就是电位升高的方向。

（四）电阻

电阻是一个物理量，在物理学中表示导体对电流阻碍作用的大小。导体的电阻越大，表示导体对电流的阻碍作用越大。电阻用 R 表示，由导体两端的电压 U 与通过导体的电流 I 的比值来定义，即 $R=U/I$。所以，当导体两端的电压一定时，导体的电阻越大，通过导体的电流越小；反之，导体的电阻越小，通过导体的电流越大。不同导体的电阻按其性质可分为两类：一类称为线性电阻或欧姆电阻，满足欧姆定律；另一类称为非线性电阻，不满足欧姆定律。

二、欧姆定律及其应用

（一）欧姆定律的概念和定义

欧姆定律是物理学中的一个基本定律，它描述了电路中电流与电压之间的关系。具体而言，欧姆定律表明，在电阻电路中，电流与电路中的电阻成反比，即电路中的电阻越大，电流越小；电路中的电阻越小，电流越大。

欧姆定律的公式是

$$I = \frac{U}{R}$$

式中，R 表示电阻；I 表示电流；U 表示电压。从公式可以看出，当电路中的电阻 R 不变时，电压 U 越高，电流 I 越大；当电路中的电压 U 不变时，电阻 R 越大，电流 I 越小。

只要知道电压、电流、电阻三个变量中的两个，就可以根据欧姆定律求出第三个变量，即

$$I = \frac{U}{R}，R = \frac{U}{I}，U = IR$$

（二）欧姆定律的应用

欧姆定律的应用范围非常广泛，包括电子电路、电力电路、通信电路等领域。例如，当需要计算一个灯泡的电流时，就可以使用欧姆定律。具体操作为先用万用表测量灯泡两端的电压和灯泡的电阻，然后用欧姆定律算出电流。

1. 串联电路中电流、电压的规律

串联电路中电流、电压规律示意图如图 2-1 所示。

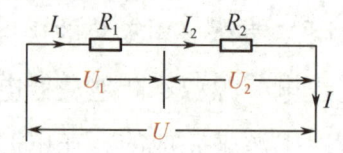

图 2-1 串联电路中电流、电压规律示意图

由图 2-1 可知，

$$I = I_1 = I_2,\ U = U_1 + U_2$$

进而可知，串联电路中电流、电压的规律为，串联电路中各处电流相等：

$$I = I_1 = I_2 = \cdots = I_n$$

串联电路的总电压等于各串联部分电路两端的电压之和：

$$U = U_1 + U_2 + \cdots + U_n$$

2. 并联电路中电流、电压的规律

并联电路中电流、电压规律示意图如图 2-2 所示。

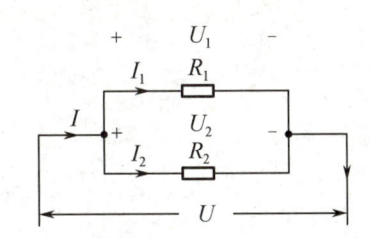

图 2-2　并联电路中电流、电压规律示意图

由图 2-2 可知，
$$I=I_1+I_2，U=U_1=U_2$$
进而可知，并联电路中电流、电压的规律为，并联电路的总电流等于各支路电流之和：
$$I=I_1+I_2+\cdots+I_n$$
并联电路中各并联支路两端的电压相等，并等于电路的总电压：
$$U=U_1=U_2=\cdots=U_n$$

三、电功和电功率

（一）电功

电功是电流在电场力作用下，通过导体并克服各种阻力而做的功。电功的实质是电流做功的过程，即电能转换为其他形式能的过程。电灯发光、电动机转动、电炉发热、扬声器发声等都说明电流做了功。电功用符号 W 表示，单位是焦耳，简称焦，单位符号是 J。电功的大小与通过用电器的电流和加在用电器两端的电压，以及通电时间成正比。

（二）电功率

为了描述电流通过用电器时做功的快慢，把电流所做的功 W 与做功所用的时间 t 的比值叫作电功率，用符号 P 表示，即
$$P=\frac{W}{t}$$
电功率等于导体两端电压与通过导体电流的乘积，即
$$P=UI$$
在纯电阻电路中，电功率还可以表示为
$$P=UI=I^2R=\frac{U^2}{R}$$

在国际单位制中，电功率的单位是瓦特，简称瓦，单位符号是 W。由上式可以看出，当流过用电器的电流一定时，用电器消耗的功率与用电器的电阻成正比；当加在用电器两端的电压一定时，用电器消耗的功率与用电器的电阻成反比；当用电器的电阻一定时，用电器消耗的功率与流过用电器的电流的平方或用电器两端的电压的平方成正比。

任务实施

一、任务准备

本任务是测量新能源汽车直流母线电流，以判断动力电池的供电情况，在学习了本项目的电路知识之后，就可以对新能源汽车高压直流母线电流进行测量了，制订如下工作计划。

（1）教具学具准备：翼子板三件套4套、手电筒4个、绝缘手套4套、绝缘靴4双、绝缘垫2套、钳形电流表4台、线束若干、维修手册4本、备用电池组2组。

（2）找到新能源汽车中从动力电池引出的直流母线，并选择靠近动力电池的一端作为电流检测点。

（3）使用钳形电流表测量检测点的电流。

二、实践操作

1. 检查钳形电流表

在使用钳形电流表前，应检查钳形电流表有无损坏，指针是否指向零位。若发现指针没有指向零位，可用小螺丝刀轻轻旋动机械调零旋钮，使指针回到零位。检查钳口的开合情况及钳口表面有无污物和锈斑。如果钳口表面有污物，就用溶剂洗净并擦干；如果钳口表面有锈斑，就轻轻擦去锈斑。

2. 选择合适的量程

将量程选择旋钮置于合适位置，使测量时指针偏转后停在精确刻度上，以减小测量误差。换量程操作应在退出导线后进行。

3. 测量直流母线电流

紧握钳形电流表扳手，按动扳手打开钳口，先将被测直流母线置于钳口内的中心位置，再松开扳手使两钳口表面紧紧贴合。

4. 记录测量结果

先将钳形电流表水平放置，再带单位读数，该数值就是测得的电流值。为了得到较准确的读数，当被测电流过小（小于5A）时，若条件允许，可将被测导线绕几匝后套进钳口进行测量。此时，钳形电流表读数除以钳口内的导线根数就是实际电流值。

5. 维护保养

使用完钳形电流表后，将被测电线取出，将量程选择旋钮置于OFF挡，以免下次使用时不慎损伤仪表。

在进行操作时，应注意如下内容。

（1）被测线路的电压要低于钳形电流表的额定电压。

（2）在测量直流母线电流时，要戴绝缘手套，穿绝缘靴，站在绝缘垫上。

(3) 钳口要闭合紧密，不能带电进行换量程操作。

（一）任务一：新能源汽车动力电池直流母线外观检查

1. 实施作业前先填写本任务书空白内容（见表2-1）

表2-1　新能源汽车动力电池直流母线外观检查任务书

序号	作业内容	检查内容	要点或注意事项
1	动力电池外观的检查	（1）是否存在变形、氧化、偏移、损坏等 （2）检查外观是否有积水、积尘、杂物等	
2	动力电池接线柱的检查	（1）检查连线是否可靠，有无松动 （2）检查有无过热或烧蚀变色 （3）检查护套有无松动	
3	动力电池周边线束的检查	（1）外观是否有破损，是否有老化 （2）是否有线束松脱	

2. 实施作业并填写作业单（见表2-2）

表2-2　新能源汽车动力电池直流母线外观检查作业单

序号	作业内容	检查结果	备注（不正常的情况下注明）
1	动力电池外观的检查	□正　常 □不正常	
2	动力电池接线柱的检查	□正　常 □不正常	
3	动力电池周边线束的检查	□正　常 □不正常	

3. 完成作业后，请填写评价表（见表2-3）

表2-3　新能源汽车动力电池直流母线外观检查评价表

项目	评价指标	自评	组内互评
工作任务	认识作业要求	□合　格 □不合格	□合　格 □不合格
	按要求完成作业	□合　格 □不合格	□合　格 □不合格
	作业单填写完整	□合　格 □不合格	□合　格 □不合格
职业素养	工作服整洁	□合　格 □不合格	□合　格 □不合格
	正确查阅维修资料和学习材料	□合　格 □不合格	□合　格 □不合格
	合作默契，交流顺畅	□合　格 □不合格	□合　格 □不合格

续表

项目	评价指标	自评	组内互评
个人反思			
教师评价	教师签字： 日　　期：	成　　绩 □合　格	□不合格

（二）任务二：测量新能源汽车直流母线电流

1. 实施作业前先填写本任务书空白内容（见表2-4）

表2-4　测量新能源汽车直流母线电流任务书

序号	作业内容	操作内容	要点或注意事项
1	检查钳形电流表	检查钳形电流表有无损坏，指针是否指向零位	
2	选择合适的量程	将量程选择旋钮置于合适位置，使测量时指针偏转后停在精确刻度上	
3	测量直流母线电流	在测直流母线电流时，要戴绝缘手套，穿绝缘靴，站在绝缘垫上，将被测直流母线置于钳口内的中心位置	
4	记录测量结果	先将钳形电流表水平放置，再带单位读数。结合维修手册参数，对测量结果进行判断。使用完钳形电流表后，将被测母线退出，将量程选择旋钮置于OFF挡	

2. 实施作业并填写作业单（见表2-5）

表2-5　测量新能源汽车直流母线电流作业单

序号	作业内容	操作过程	备注（不正确的原因）
1	检查钳形电流表	□正　确 □不正确	
2	选择合适的量程	□正　确 □不正确	
3	测量直流母线电流	□正　确 □不正确	
4	记录测量结果	□正　确 □不正确	

3. 完成作业后，请填写评价表（见表2-6）

表2-6 测量新能源汽车直流母线电流评价表

项目	评价指标	自评	组内互评
工作任务	认识作业要求	□合　格 □不合格	□合　格 □不合格
工作任务	按要求完成作业	□合　格 □不合格	□合　格 □不合格
工作任务	作业单填写完整	□合　格 □不合格	□合　格 □不合格
职业素养	工作服整洁	□合　格 □不合格	□合　格 □不合格
职业素养	正确查阅维修资料和学习材料	□合　格 □不合格	□合　格 □不合格
职业素养	合作默契，交流顺畅	□合　格 □不合格	□合　格 □不合格
个人反思			
教师评价	教师签字： 日　　期：	成　　绩 □合　格	 □不合格

理论测试

一、填空题

1. 在直流电路中电流和电压的_____和_____都不随时间变化。
2. 电流在_____内所做的功称为电功率。
3. 电位可以通过_____和_____来计算。
4. 电流有直流和交流两大类，直流电用字母_____表示，交流电用字母_____表示。
5. 电功率的计算公式是_____。
6. 电压与电位的关系是，电路中两点间的_____等于这两点的_____之差。

二、不定项选择题

1. 在使用钳形电流表测量时应注意相对于带电部分的（　　）。

A．有效距离 B．安全距离
C．危险距离 D．绝缘

2．电路中，小灯泡是用电器，它的作用是（　　）。
A．传输电能 B．控制电路的通断
C．把电能转换为光能和内能 D．为电路提供能量

3．下列物品（　　）是负载。
A．开关 B．发电机 C．电磁炉 D．输电线

4．电路的三种工作状态分别是（　　）。
A．开路 B．短路 C．通路 D．断路

5．在测量小灯泡的电压时，下列选项中表笔放置正确的是（　　）。
A. B. 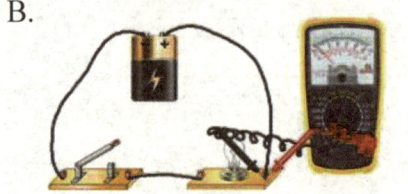
C. 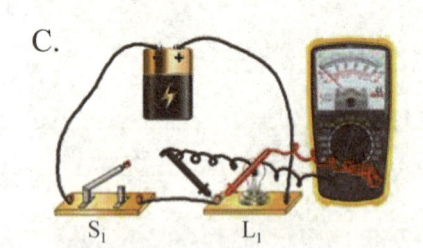 D.

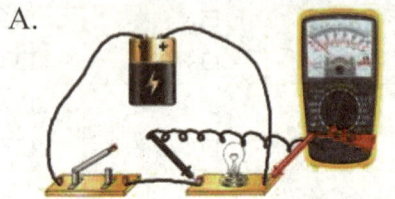

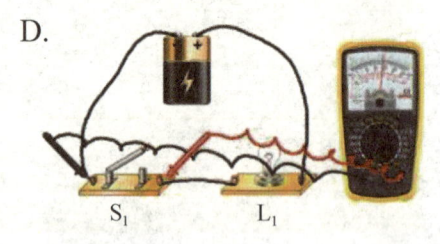

6．在使用钳形电流表测量时，被测导线应尽量放在（　　）。钳口的结合面如有杂声，应开合（　　）次；若仍有杂声，应处理结合面，以使读数准确。
A．钳口中部；1 B．钳口外部；1
C．钳口外部；2 D．钳口中部；2

7．测得10Ω电阻两端的电压是5V，则通过该电阻的电流是（　　）A。
A．0.5 B．10 C．5 D．50

8．要使通过5Ω电阻的电流为800mA，电阻两端应加（　　）V电压。
A．4 B．5 C．800 D．400

9．有一种指示灯，电阻为60Ω，只有通过电流为0.2A时才正常发光，要使该指示灯正常发光，应加（　　）V电压。
A．12 B．60 C．30 D．0.2

10．电能（电功）表示（　　）。
A．电场力做功的多少 B．人力做功的多少
C．做功的快慢 D．速度的快慢

11．电功率用来衡量（　　）。

　　A．速度的快慢　　　　　　　　B．做功的快慢

　　C．物品的好坏　　　　　　　　D．时间的长短

12．下列额定功率与实际功率的说法错误的是（　　）。

　　A．额定功率：用电器正常工作的功率就是额定功率

　　B．实际功率：用电器实际工作的功率就是实际功率

　　C．用电器的实际功率可以超过额定功率

　　D．额定功率就是实际功率

13．负载有（　　）三种工作状态。

　　A．满载　　　B．轻载　　　C．过载　　　D．运载

14．在（　　）条件下，用电器很容易被烧坏，因此不允许出现此现象。

　　A．满载　　　B．轻载　　　C．过载　　　D．运载

15．某灯泡两端的电压是12V，测得小灯泡的电流是0.5A，则小灯泡的功率是（　　）。

　　A．6W　　　B．12W　　　C．0.5W　　　D．5W

三、判断题

（　　）1．电压表必须并接在被测电路中。

（　　）2．电功率是用来衡量做功快慢的。

（　　）3．欧姆定律的变式 $R=U/I$ 并不表示电阻的阻值会随着电阻两端电压的改变而改变，也不表示电阻的阻值会随着通过电阻的电流的改变而改变。

（　　）4．当电阻串联时，阻值大的电阻分得的电压大，阻值小的电阻分得的电压小。

（　　）5．在搭建电路时可以直接把导线接在电源两极。

（　　）6．用万用表测电压、电流、电阻不用换挡，可直接测。

拓展新知

钳形电流表的使用

钳形电流表是一种可以在不断电的情况下测量电路中的电流的仪表，分为可测交变电流和可测交、直流电流两种，如图2-3所示。

（一）钳形电流表的结构及原理

钳形电流表是由一只电流互感器和一只整流式仪表组成的，被测载流导线相当于电流互感器的一次线圈，绕在铁芯上的线圈相当于电流互感器的二次线圈，当被测载流导线卡入钳口时，二次线圈感应出电流，指针偏转，指示电流值。

（二）钳形电流表的使用方法

（1）在测量前要进行机械调零。

（2）选择合适的量程，先选大量程、后选小量程，可通过铭牌值进行估算。

（3）如果使用最小量程测量读数还不明显，那么可将被测导线绕几匝，此时读数=指示值×量程/满偏×匝数。匝数以钳口中央的匝数为准。

（4）在测量时，应使被测导线处在钳口中心，并使钳口闭合紧密，以减小误差。

（5）测量完毕，要将量程选择旋钮置于OFF挡。

（三）钳形电流表的使用注意事项

（1）使用前应检查外观是否良好，绝缘有无破损，钳口是否清洁、干燥。

（2）测量时应戴绝缘手套或干净的线手套，并注意保持安全间距。

（3）选择合适的量程，在测量过程中不得换挡。

（4）钳形电流表只能用来测量低压系统的电流，不能用小量程测量大电流，被测线路的电压不能超过钳形电流表规定的使用电压。每次测量只能钳入一根导线。

（5）若不是特别必要，一般不测量裸导线的电流。

（6）测量后要将量程选择旋钮置于OFF挡，以便下次安全使用。

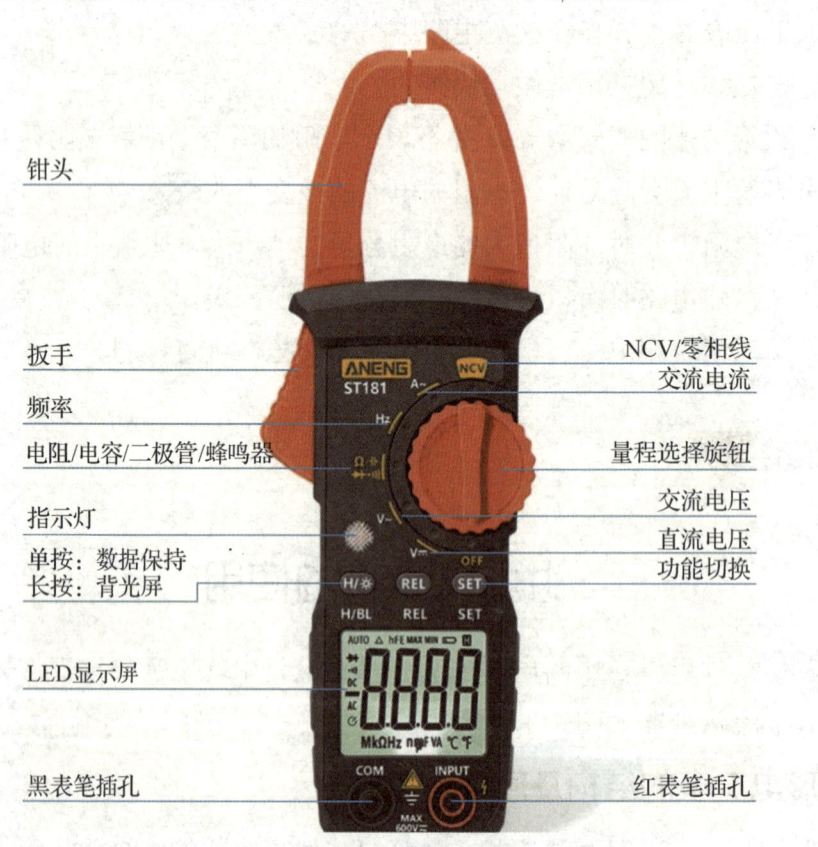

图2-3 钳形电流表

项目三

直流电路的认知及应用

学习目标

素养目标
1. 通过小组合作学习探究，培养学生从维修手册中获取维修标准参数的能力。
2. 通过小组合作学习探究，培养学生合理分工的能力。
3. 通过实操练习，培养学生不畏困难、一丝不苟的职业工作态度。

知识目标
1. 能够叙述电路的基本组成。
2. 能够识别汽车电路的基本部分及各部分的作用。

技能目标
1. 能够与同学合作完成串联电路和并联电路的连接和测量。
2. 能够独立完成低压直流电路测试。

新能源汽车电工电子技术基础

情境描述

一个汽车维修店正在维修一辆大灯发生了故障的新能源汽车，新能源汽车专业的维修技师经检查发现是新能源汽车大灯电路出了故障。电路是控制大灯亮和灭的关键，如果发生断路或短路，就会导致大灯无法正常工作。如果你是维修技师，你将采取什么方式找出故障线路，并排除线路故障呢？

一、接受任务

全班分组讨论故障发生原因，以及大灯电路的检修步骤。同学们需要结合维修手册大灯电路图进行线路检测，并以小组合作的方式分析并找出发生故障的线路。每一组请一名同学扮演维修人员，两名同学扮演维修店内的员工，组内其他同学观察并记录做得好及需要改进的地方。

二、任务分析

新能源汽车大灯电路出现故障，首先需要找对应型号的汽车维修手册大灯电路图；其次分析大灯电路的工作原理，并在车上找到对应线路及电子元器件，弄清楚电路组成；最后根据大灯电路，采用对应测量方式，测量每段电路的电压和电流，以此来检测电路的导电情况。

知识解析

一、直流电路的基本概念

直流电路是指电流方向不改变的电路，是由导线、电源、电阻、电容等基本元器件组成的电路。直流电路的特点是电压的大小保持不变，电流的大小保持稳定，可以为一些电压灵敏的设备稳定供电，实现电能的传输和分配，被广泛应用于电力、电子、通信等领域。

（一）直流电路的基本组成

电路一般由电源、负载及中间环节（导线、开关）等基本部分组成，是电流的通路。图 3-1 所示为由电池、小灯泡、开关和导线组成的小灯泡电路。当开关闭合时，电池向外输出电流，电流流过小灯泡，小灯泡就会发光。

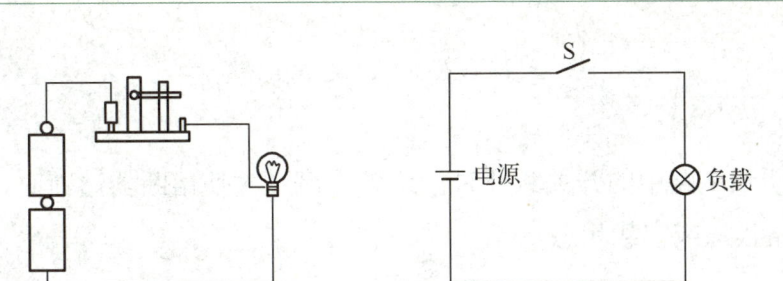

图 3-1 小灯泡电路

1. 电源

电源是将化学能转换为电能的设备，用来向负载提供电能。例如，发电机把机械能转换为电能，新能源汽车动力电池把化学能转换为电能等。

2. 负载

负载是指电路中连接在电源两端的电子元器件，是各类用电器的总称。它可以接收电能，并把电能转换成其他形式的能，如电阻、引擎、灯泡、空调、电动机等可消耗功率的电子元器件。新能源汽车电动机把电能转化为机械能。

3. 开关和导线

开关和导线是电路中不可或缺的部件。

开关有机械式开关和电子式开关两种，通过控制开关的状态，可以控制电路中的电流是否流通。导线一般由金属材料制成，具有一定导电性，在电路中用于传输电流。在电路中，开关会接在导线上，当开关处于闭合状态时，电流可以通过导线，电路正常工作；当开关处于断开状态时，电流无法通过导线，电路就会中断，无法正常工作。

（二）电路的三种状态

1. 有载工作状态

在有负载的工作状态下，负载电流的变化将引起端电压的变化。在如图 3-2 所示的电路中，当开关 S 闭合后，电路就处于有载工作状态，电路中的电流为

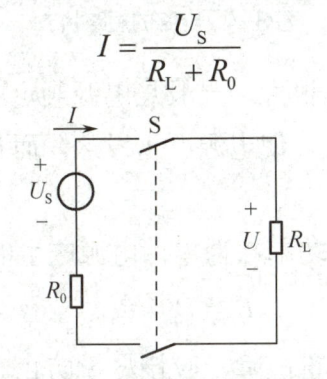

$$I = \frac{U_S}{R_L + R_0}$$

图 3-2 电路的有载工作状态

当电压源的输出电压 U_S 和内电阻 R_0 为定值时，由上式可知，负载电阻 R_L 越小，电路中的电流越大，负载电阻两端的电压为

$$U = R_L I = U_S - R_0 I$$

2. 开路状态

当如图 3-3 所示电路中的开关断开时，或者电流过大使熔断器熔断时，电路就处于开路状态，又叫作断路状态或空载状态。

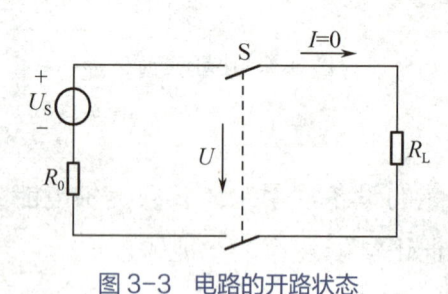

图 3-3　电路的开路状态

开路时，外电路的电阻对电源来说为无穷大，因此电路中的电流为零。此时负载上的电流、电压、功率都等于零。开路时，电源的端电压叫作开路电压，用 U 表示。

开路时电流 $I = 0$，故开路电压 $U = U_S - IR_L = U_S$，即开路电压等于电源电压。

3. 短路状态

在正常状态下工作的电路如果因绝缘损坏或接线不当或操作不慎等而导致负载端或电源端导线直接触碰或搭接，那么将处于短路状态。图 3-4 所示为电源和负载都被短路状况，此时电流不再流经负载，外电路的电阻对电源来讲为零。短路电流为

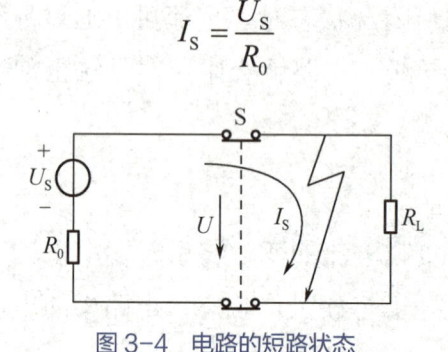

$$I_S = \frac{U_S}{R_0}$$

图 3-4　电路的短路状态

由于 R_0 很小，所以短路电流 I_S 很大，一般是电源额定电流的许多倍。这样大的电流不仅在内阻 R_0 上会产生很大的功率损失，使电源严重发热，而且会产生很大的电磁力对设备造成机械性损伤。

短路后负载上的电压、电流和功率都为零，电源产生的电能全部被内阻 R_0 消耗，即

$$P_S = P_0 = R_0 I_S^2$$

在一般情况下，短路是一种严重故障，应该尽量防止。为此，电路中一般要接入熔断器或其他自动保护装置，以便在发生短路时在规定时限内自动切断故障电路与电源的联系。

二、简单直流电路的安装与测量

（一）简单直流电路的安装

最简单的直流电路由电源、导线、开关和用电设备组成。只有正确地用导线将用电器连接好，在闭合开关时才会有电流通过用电设备。因此，需要注意以下几项内容。

（1）确定电源的正、负极。电源正、负极是电流回路的首末，在确定回路时起主导作用，应先确定。

（2）连接电路回路。先根据设计要求和现场实际情况确定电流回路和接地线。

（3）安装用电设备。将用电设备按照设计要求安装在相应位置。

（4）调试电路。在安装完成后，需要对电路进行调试，以确保电流能够正常地通过用电设备。

需要注意的是，在进行直流电路的安装时，应该遵循相应的安全规范和操作要求，确保自身和他人安全。

（二）直流电路的测量

（1）电流表法：将电流表串联在电路中，可以直接测量电路中的电流大小。电流表的读数表示电流的大小。

（2）电阻丝式电流表法：利用电流通过导线产生的热效应，通过测量导线温度的变化间接测量电流的大小。有电流通过热敏电阻时，热敏电阻的温度会发生变化，其阻值也会发生变化，进而会引起电流表指针偏转，通过读数即可得到电流的大小。

需要注意的是，在使用电流表测量电流时，应尽量保持电路的稳定，以免对待测电路产生影响。

三、串联电路的安装与测量

（一）串联电路的安装

连接电子元器件：将电子元器件按照一定顺序依次连接在一起，使它们形成一个线性电路，且电子元器件两端要与电源正确连接。

安装电源：将电源安装在电路中，注意正、负极的连接方式。

连接控制线：根据需要连接控制线。控制线是指用于控制开关通断的线缆。

调试电路：在完成安装后，对电路进行调试，以确保电流能够正常地通过电路并到达用电设备。

按图3-5将两个灯泡依次连接，就可以得到一个串联电路。

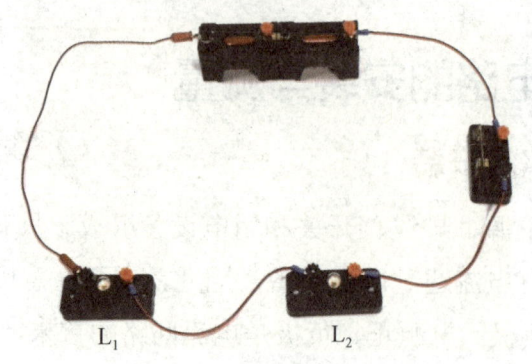

图 3-5 串联电路的安装

(二) 串联电路的测量

把两个或两个以上的电阻依次连接，使电流只有一条通路的电路就是串联电路，如图 3-6 所示。串联电路具有以下特点。

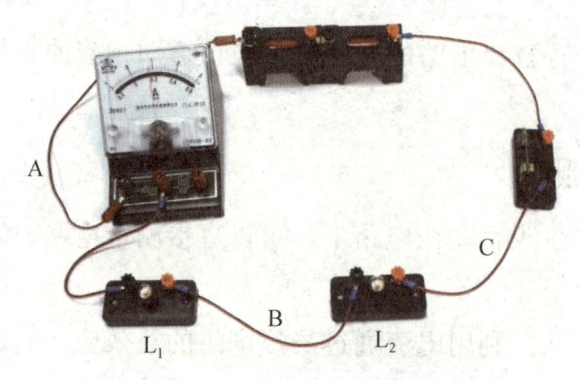

图 3-6 串联电路的测量

（1）电流特点。

串联电路中的电流处处相等，即

$$I=I_1=I_2=I_3=\cdots=I_n$$

（2）电压特点。

串联电路的总电压等于各串联部分电路两端的电压之和，即

$$U=U_1+U_2+U_3+\cdots+U_n$$

如果用一个电阻代替几个串联电阻，二者具有相同的电压、电流关系，这个电阻称为串联电路的等效电阻。串联电阻的总电阻大于任何一个串联电阻的阻值，总电阻等于各串联电阻之和，即

$$R=R_1+R_2+R_3+\cdots+R_n$$

四、并联电路的安装与测量

(一) 并联电路的安装

（1）连接电子元器件：将电子元器件并列连接起来，使它们形成一个并联电路，且电子

元器件两端要与电源正确连接。

（2）安装电源：将电源安装在电路中，注意正、负极的连接方式。

（3）连接控制线：根据需要连接控制线。控制线是指用于控制开关通断的线缆。

（4）调试电路：在完成安装后，对电路进行调试，以确保电流能够正常地通过电路并到达用电设备。

按图3-7将两个灯泡依次连接，就可以得到一个并联电路。

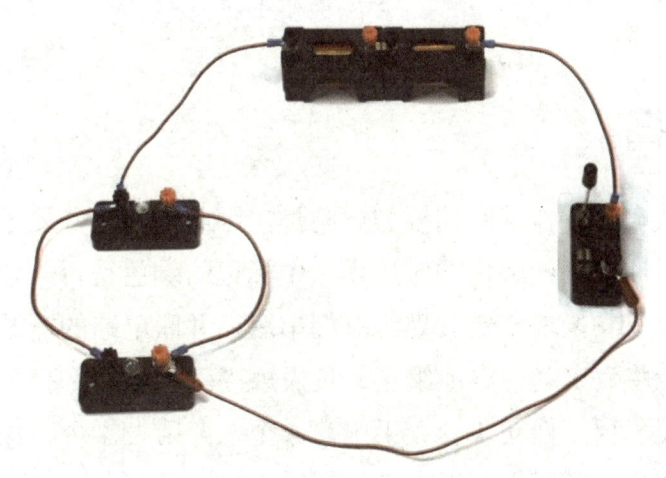

图3-7 并联电路的安装

（二）并联电路的测量

电阻并接在两点之间，电阻两端承受同一电压的电路就是并联电路，如图3-8所示。并联电路具有以下特点。

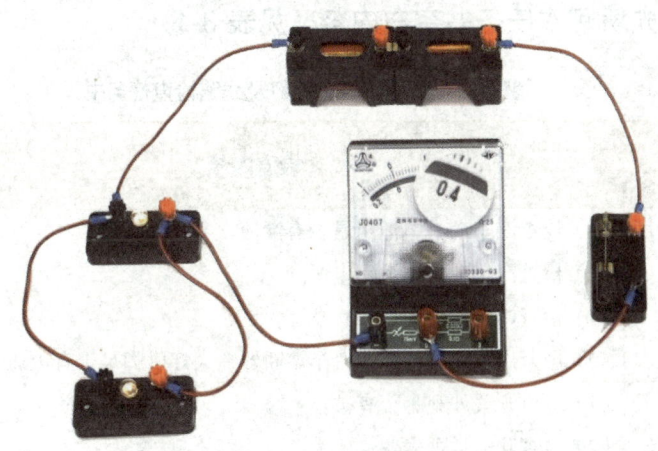

图3-8 并联电路的测量

（1）电压特点。

并联电路中各并联支路两端的电压相等，并等于电路的总电压，即
$$U=U_1=U_2=U_3=\cdots=U_n$$

（2）电流特点。

并联电路的总电流等于各支路电流之和，即

$$I=I_1+I_2+I_3+\cdots+I_n$$

（3）电阻特点。

并联电路等效电阻的倒数等于各分电阻倒数之和，即

$$\frac{1}{R}=\frac{1}{R_1}+\frac{1}{R_2}+\frac{1}{R_3}+\cdots+\frac{1}{R_n}$$

任务实施

一、任务准备

由于在对新能源汽车进行作业时需要做好防护，因此需要铺好翼子板三件套，在实车上寻找大灯线路，验证对应线路的颜色与维修手册中标记的颜色是否一致，并对新能源汽车大灯线路进行检查。在进行实操前一定要熟练掌握串联、并联电路的测量方法，以及万用表、试灯的使用方法，禁止将汽车动力电池组正、负极短接。

教具学具准备：翼子板三件套4套、手电筒4个、万用表4台、探针4套、试灯4个、线束若干、维修手册4本、备用电池组2组。

二、实践操作

任务：新能源汽车大灯及线路检查

1. 实施作业前先填写本任务书空白内容（见表3-1）

表3-1 新能源汽车大灯及线路检查任务书

序号	作业内容	检查内容	要点或注意事项
1	检查汽车动力电池组	（1）检查汽车动力电池组是否有漏液现象 （2）检查汽车动力电池组电压	
2	检查熔断器	（1）检查熔断器外观是否断裂 （2）用万用表检测新能源汽车熔断器盒大灯引脚是否有电压	
3	检查开关	（1）检查开关外观是否破损 （2）检查开关是否失效	
4	检查灯泡	（1）检查灯丝是否断裂 （2）检测灯泡电阻	
5	检查线路	（1）检查线路是否完好，有无脱落现象 （2）测量新能源汽车大灯线路的电压和电流	

2. 实施作业并填写作业单（见表3-2）

表3-2 新能源汽车大灯及线路检查作业单

序号	作业内容	检查结果	备注（不正常的情况下注明）
1	检查汽车动力电池组	□正　常 □不正常	
2	检查熔断器	□正　常 □不正常	
3	检查开关	□正　常 □不正常	
4	检查灯泡	□正　常 □不正常	
5	测量线路	□正　常 □不正常	

3. 完成作业后，请填写评价表（见表3-3）

表3-3 新能源汽车大灯及线路检查评价表

项目	评价指标	自评	组内互评
工作任务	认识作业要求	□合　格 □不合格	□合　格 □不合格
工作任务	按要求完成作业	□合　格 □不合格	□合　格 □不合格
工作任务	作业单填写完整	□合　格 □不合格	□合　格 □不合格
职业素养	工作服整洁	□合　格 □不合格	□合　格 □不合格
职业素养	正确查阅维修资料和学习材料	□合　格 □不合格	□合　格 □不合格
职业素养	合作默契，交流顺畅	□合　格 □不合格	□合　格 □不合格
个人反思			
教师评价	教师签字： 日　　期：	成　绩 □合　格	 □不合格

理论测试

一、填空题

1. 请写出串联电路具有的特点（可用文字或公式表示）

电压特点：_____。

电流特点：_____。

电阻特点：_____。

串联电路中的等效电阻比分电阻_____。

2. 电阻 R_1 和 R_2 串联后总电阻为 9Ω，已知 R_1=3Ω，则 R_2=____Ω。

3. 电路图如题图 3-1 所示。

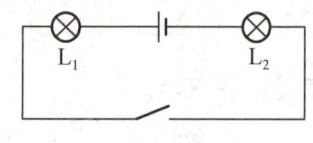

题图 3-1

（1）L_1 和 L_2 是____联。

（2）闭合开关，L_1____，L_2____（选填"发光""不发光"）。

（3）L_1 的灯丝断了，闭合开关，L_2____（选填"发光""不发光"）。

（4）L_2 被短路了，闭合开关，L_1____（选填"发光""不发光"）。

二、不定项选择题

1. 两个 5Ω 的电阻串联后的总电阻为（　　）。

　　A. 2.5Ω　　　B. 5Ω　　　C. 7.5Ω　　　D. 10Ω

2. 已知 R_1=10Ω，R_2=20Ω，两个电阻串联后的总电阻为（　　）。

　　A. 10Ω　　　B. 20Ω　　　C. 30Ω　　　D. 200Ω

3. 有三个电阻，阻值分别为 10Ω、20Ω、30Ω，若将它们串联，则等效电阻（　　）。

　　A. 小于 10Ω　　　　　　B. 为 10~20Ω

　　C. 为 20~30Ω　　　　　D. 大于 30Ω

4. 如题图 3-2 所示，若 L_2 的灯丝断了，电路其他部分完好，则开关 S 闭合后（　　）。

　　A. L_1 发光，L_2 不发光　　　　B. L_1 不发光，L_2 发光

　　C. L_1 和 L_2 都发光　　　　　　D. L_1 和 L_2 都不发光

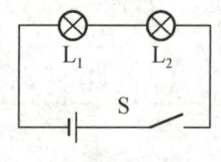

题图 3-2

5. 在如下所示的四个电路图中，各开关都闭合后 L₁ 与 L₂ 串联的是（　　）。

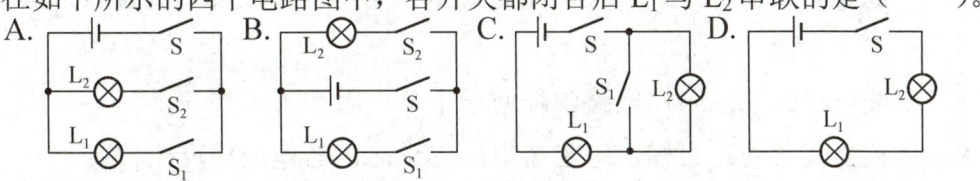

6. 两个电阻的阻值分别为 1Ω 和 10Ω，并联使用时总电阻（　　）。

   A．大于 10Ω　　　　　　　　B．为 1Ω～10Ω

   C．小于 1Ω　　　　　　　　D．无法确定

7. 两个 5Ω 的电阻并联后的总电阻为（　　）。

   A．2.5Ω　　　B．5Ω　　　C．7.5Ω　　　D．10Ω

8. 某直流电路的电压为 220V，电阻为 40Ω，电路中的电流为（　　）。

   A．5.5A　　　B．4.4A　　　C．1.8A　　　D．8.8A

9. 在如下所示的电路中，各开关闭合后 L₁ 和 L₂ 串联的是（　　）。

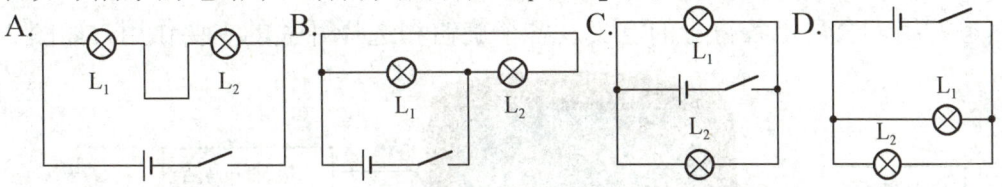

10. 小明同学在使用电流表测量电流时，分别将电流表接入串联电路的 A、B、C 三点，如题图 3-3 所示，测得 A、B、C 三点的电流关系是（　　）。

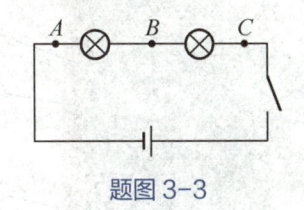

题图 3-3

   A．$I_A=I_B=I_C$　　　　　　B．$I_C>I_B>I_A>0$

   C．$I_A>I_B>I_C>0$　　　　D．$I_C>I_B>I_A=0$

三、判断题

（　　）1．在串联电路中，总电流大于其中任何一个电阻的电流。

（　　）2．在串联电路中，总电阻一定小于阻值最小的电阻。

（　　）3．在串联电路中，电流从电源正极流出，流经各个用电器，最后回到电源负极。电流在流经各用电器后会逐渐减小，回到负极的电流达到最小值。

（　　）4．在搭建电路的过程中，一定要从电源正极开始按照电路图顺序把其他元器件连接起来，最后接到电源负极。

（　　）5．街上的路灯在傍晚同时亮起，在早上同时熄灭，所以街上的路灯是串联在电路中的。

（　　）6．串联电路中的电流只有一条通路，因此在串联电路中电流处处相等。

（　　）7. 串联电路中的开关同时控制电路中所有用电器，改变开关位置，其控制作用不变。

（　　）8. 串联电路的总电阻比电路中任何一个分电阻都大。

（　　）9. 根据公式 $R=U/I$ 可知，电阻与电压成正比，与电流成反比。

（　　）10. 把两个电阻串联在电路中，通过两个电阻的电流一定相等，两个电阻两端的电压一定不相等。

（　　）11. 串联电路两端的总电压等于各个电阻两端的电压之和。

拓展新知

如何使用万用表测电压

（1）熟悉万用表表盘上各符号的意义及各个旋钮和选择开关的主要作用，如图3-9所示。

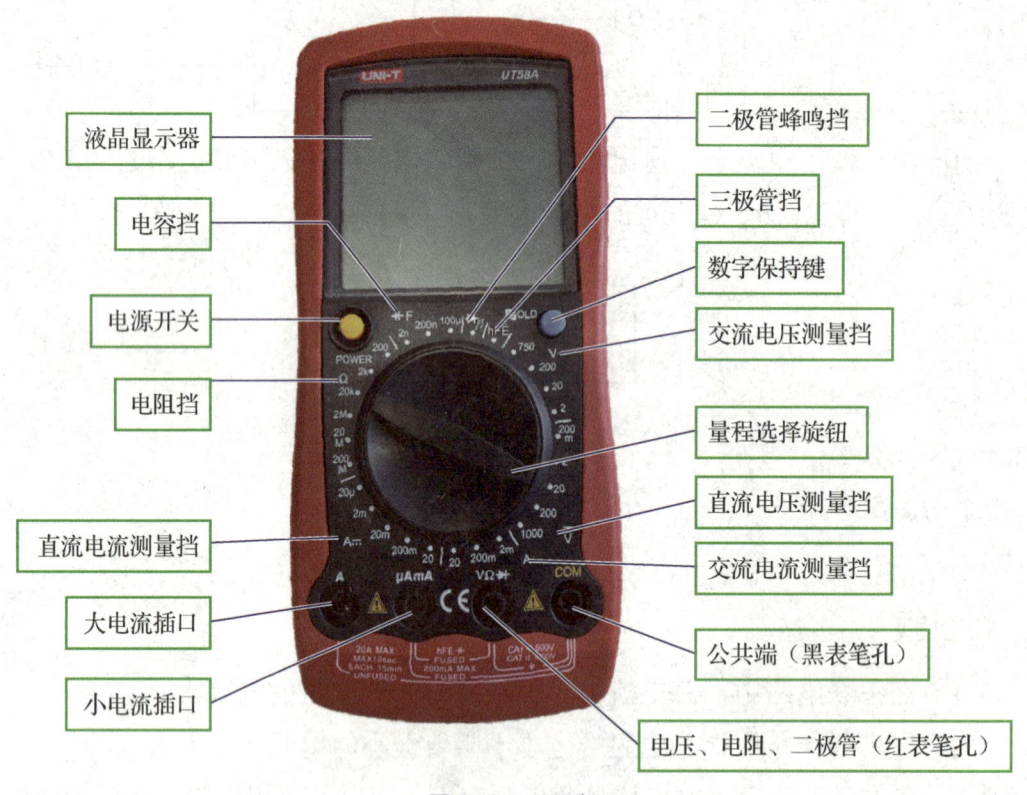

图3-9　万用表

（2）在使用万用表前要进行机械调零。

（3）根据被测量的种类及大小，旋转量程选择旋钮，确定量程。

（4）将表笔正确插入对应插孔。

（5）测量电压（或电流）。

在测量电压（或电流）时要选择好量程，用小量程测量大电压，可能会有烧表的风险；

用大量程测量小电压，测量结果会因过小而不精确。如果事先不清楚被测量的大小，就先选择最高量程，然后逐渐减小到合适的量程。

① 交流电压的测量：将万用表的量程选择旋钮旋至交流电压挡（1kV AC 电压测量），万用表两表笔和被测电路或负载并联即可。

② 直流电压的测量：将万用表的量程选择旋钮旋至直流电压挡，且"+"表笔（红表笔）接高电位处，"-"表笔（黑表笔）接低电位处，即让电流从"+"表笔流入，从"-"表笔流出。表笔接反会导致结果错误，仪器损坏，甚至对人体产生危害。

2002 年，某企业员工在用万用表检修线路时发生了弧光短路事故，该事故就是由于操作员错误使用了电压挡而导致的。同学们在使用万用表时，一定要保持严谨细致的态度。

项目四

交流电路的认知及应用

学习目标

素质目标
1. 培养学生通过互联网、书籍等渠道获取信息的能力。
2. 培养学生自学和与同学讨论合作的能力。
3. 培养学生对比辨别的辩证思考能力。
4. 培养学生安全生产、安全操作的安全意识。

知识目标
1. 熟悉交流电路的基本概念。
2. 掌握交流电路中电压与电流的关系,以及基本分析方法和计算方法。
3. 掌握单相交流电路的基本概念及知识。
4. 了解单相交流电路中瞬时功率、有功功率、无功功率的概念,并能进行简单计算。
5. 熟悉三相交流电路的基本知识。
6. 掌握三相负载的联结方式,以及线电流与相电流的关系,并能进行简单计算。
7. 了解变压器工作原理。

技能目标
1. 能够理解并判断交流电与直流电的区别。
2. 能够准确识别交流发电机的结构。
3. 能够对交流发电机进行简单检测。

项目四 交流电路的认知及应用

情境描述

一辆新能源汽车被送到维修店进行检修，其驱动电机有时转动，有时不转动，有时抖动，同时存在噪声大或发热问题。作为新能源汽车专业的学生，请你分析流过驱动电机的电流是直流电还是交流电？交流电在汽车应用中还有什么例子？

一、接受任务

全班分组讨论驱动电机涉及的电流知识有哪些，每一组请一名同学扮演客户，一名同学扮演接待人员，两名同学扮演维修人员，分析和诊断驱动电机的问题，组内其他同学观察并记录做得好及需要改进的地方，判断分析结果是否正确。

二、任务分析

在生产生活中交流电无处不在。新能源汽车动力电池只能提供直流电，而新能源汽车需要采用三相交流电来驱动。三相交流发电机结构简单，可靠性高，成本低，功率覆盖范围广。新能源混动汽车上的发电机就是三相交流发电机。新能源混动汽车上的发电机因为内部有整流器和调节器，所以可以直接输出稳定的直流电。

现代技术中应用的电能大部分是交流电，生活用电、工厂用电、科学实验用电等都离不开交流电。现代电力系统绝大多数采用三相正弦交流电路。因此，我们有必要在学习单相交流电的基础上了解三相交流电的基本特征和分析方法。

知识解析

一、交流电路基本概念

（一）什么是交流电？交流电与直流电有何区别

设想站在水渠的某处，水流经过这里时水量的多少是随时间不断变化的，一会儿多，一会儿少，其实电流也是这样的。交流电的大小（幅度）在不断地变化，而直流电（如干电池）的大小基本不变。

交流电简称 AC，发明者是尼古拉·特斯拉（Nikola Tesla）。交流电也称为"交变电流"，简称"交流"，一般指大小和方向随时间进行周期性变化的电压或电流。交流电按照变化规律可分为正弦交流电和非正弦交流电。其中，按正弦函数变化的交流电称为正弦交流电。大小和方向都不随时间变化的电流（或电压）称为直流电流（或直流电压）。

直流电和交流电的波形如图 4-1 所示。

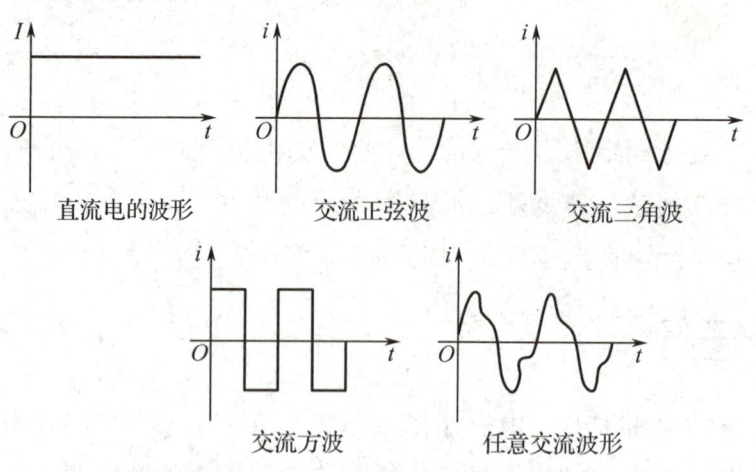

直流电的波形　　　交流正弦波　　　交流三角波

交流方波　　　任意交流波形

图 4-1　直流电和交流电的波形

与直流电相比，交流电具有输送方便、使用安全、价格便宜的特点。

对于交流电，在实际使用中往往关注的问题是电流、电压变化的范围、变化的快慢，以及它们的方向从什么时刻变化等。因此，先介绍一些描述交流电特征的物理量。

（二）交流电的物理量及正弦交流电的三要素

1. 交流电的物理量

1）周期、频率和角频率

（1）周期。

正弦交流电完成一次周期性变化需要的时间称为周期，用 T 表示，单位为 s。

（2）频率。

正弦交流电在每秒内重复变化的周期数称为频率，用 f 表示，单位是 Hz。若 1s 内变化 1 个周期，则频率为 1Hz。周期与频率互为倒数：

$$f = \frac{1}{T}$$

我国发电厂提供的交流电的频率是 50Hz，称这一频率为工业标准频率，简称工频。

（3）角频率。

正弦交流电随时间变化的快慢还可以用角频率（ω）表示，单位为弧度/秒（rad/s），角频率就是正弦交流电在 1s 内变化的角度。角频率与频率之间的关系为

$$\omega = 2\pi f$$

为了避免和机械角度混淆，通常把正弦交流电随时间变化的角度称为电角度。因此，角频率又称电角频率或电角速度。

2）最大值、有效值和平均值

正弦交流电在每一个瞬时的数值称为瞬时值，规定用 i、u、e 分别表示其电流、电压、电动势的瞬时值。

（1）最大值。

正弦交流电瞬时值中的最大数值称为最大值，又称幅值、峰值等，用大写字母加下标 m 表示，如 E_m、U_m、I_m 分别表示电动势、电压、电流的最大值。

（2）有效值。

若一个交流电和直流电通过相同的电阻，经过相同的时间产生的热量相等，则这个直流电的数值为该交流电的有效值，用大写字母表示，如 E、U、I 分别表示电动势、电压、电流的有效值。

对于正弦交流电，有效值与最大值的关系式为

$$E = E_m/\sqrt{2} \approx 0.707 E_m$$
$$U = U_m/\sqrt{2} \approx 0.707 U_m$$
$$I = I_m/\sqrt{2} \approx 0.707 I_m$$

（3）平均值。

正弦交流电在一个周期内所有瞬时值的平均值称为正弦交流电的平均值，用大写字母加下标 P 表示，如 E_P、U_P、I_P 分别表示电动势、电压、电流的平均值。

3）相位和相位差

（1）相位。

在正弦交流电的解析式中，随时间变化的角度（$\omega t+\varphi$）叫作相位角，简称相位，用于决定正弦交流电在某一时刻所处的状态；而初相位是指正弦交流电在 $t=0$ 时刻的相位，也就是角度 φ。

（2）相位差。

两个同频率正弦交流电的相位之差称为相位差，用字母 φ 表示。如果正弦交流电的角频率相同，即 $\omega_1 = \omega_2$，相位差就等于初相位之差，即

$$\varphi = (\omega t+\varphi_1) - (\omega t+\varphi_2) = \varphi_1 - \varphi_2$$

2．正弦交流电的三要素

通常将某一瞬间的交流电的值叫作交流电的瞬时值，可用解析式或波形图来表示。以电压为例，其正弦量的一般解析式（瞬时表达式）如图4-2所示。

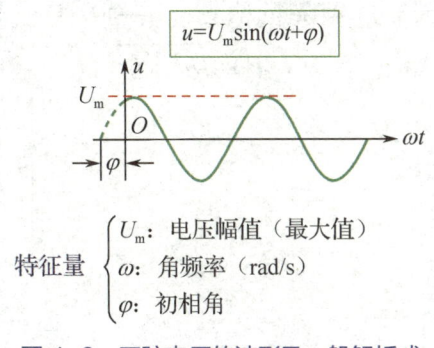

图4-2 正弦电压的波形及一般解析式

根据图 4-2，我们将 U_m（电压幅值）、ω（角频率）、φ（初相角）称为正弦交流电的三要素。

二、单相交流电路

（一）单相交流电路概述

把负载接到交流电源上组成的电路称为交流电路。交流电路按电源中交变电动势的个数分为单相交流电路和三相交流电路。单相交流电路只有一个交变电动势，三相交流电路有三个交变电动势。交流电路中的负载元件有电阻、电感、电容。

单相交流电的产生：在交流发电机中，只有一组（个）线圈和一个磁场相互作用，当线圈在磁场中转动时，由于电磁感应作用，线圈中会产生一个交变电动势，从而产生单相交流电。

单相交流发电机是一种能够将机械能转化为单相交流电能的电气设备。它可以通过旋转磁场与电导体的相互作用，产生正弦波形的电动势，从而为各类单相交流用电器提供所需电能。

（二）单相正弦交流电的相量表示法

通过解析式和波形图两种方法可以表示一个正弦量。若使用这两种方法表示正弦量，则在分析和计算交流电路时会比较烦琐。下面介绍正弦量的相量表示法。

因为正弦量的相量表示法涉及复数运算，所以在介绍正弦量的相量表示法之前，先扼要复习一下复数相关运算。

1. 复数及四则运算

1）复数

（1）在数学中常用 $A=a+ib$ 表示复数，其中 a 为实部；b 为虚部；$i=\sqrt{-1}$，为虚单位。在电工技术中，为了与电流符号区分，虚单位常用 j 表示。

（2）若已知一个复数的实部和虚部，便可确定这个复数。

（3）取一个直角坐标系，其横轴为实轴，纵轴为虚轴，这两个坐标轴所在的平面称为复平面。这样，每个复数在复平面上都可以找到唯一的点与之对应，而复平面上每个点都对应唯一的复数。例如，复数 $A=4+j3$ 对应的点就是图 4-3 中的 A 点。

（4）复数还可以用复平面上的一个矢量来表示。复数 $A=a+jb$ 可以用一个从原点 O 指向 A 点的矢量来表示，如图 4-4 所示，这种矢量称为复矢量，复矢量的长度 r 为复数的模：

$$r=|A|=\sqrt{a^2+b^2}$$

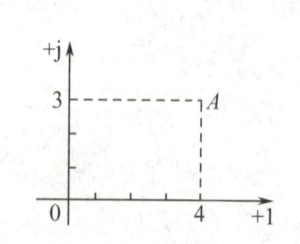

图 4-3 复数在复平面上的表示

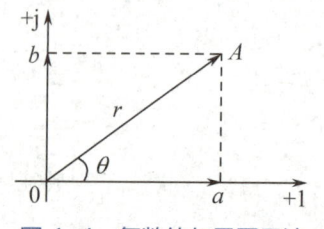

图 4-4 复数的矢量图示法

复矢量和实轴正方向的夹角 θ 称为复数 A 的辐角，即

$$\theta = \arctan\frac{b}{a}$$

需要注意的是，在计算辐角时，应根据复数实部与虚部的正、负来判断其所在象限，使 $|\theta| \leq \pi$。

不难看出，复数 A 的模 $|A|$ 在实轴上的投影就是复数 A 的实部 a，在虚轴上的投影就是复数 A 的虚部 b：

$$\begin{cases} a = r\cos\theta \\ b = r\sin\theta \end{cases}$$

2）复数的四种形式

（1）复数的代数形式：$A = a + jb$。
（2）复数的三角函数形式（简称三角形式）：$A = r\cos\theta + jr\sin\theta$。
（3）复数的指数形式：$A = re^{j\theta}$。
（4）复数的极坐标形式：$A = r\angle\theta$。

在运算中，代数形式和极坐标形式是常用的，应该熟练掌握它们之间的换算方法。

3）复数的四则运算

（1）复数的加减法。

设
$$A_1 = a_1 + jb_1 = r_1\angle\theta_1$$
$$A_2 = a_2 + jb_2 = r_2\angle\theta_2$$

则
$$A_1 \pm A_2 = (a_1 \pm a_2) + j(b_1 \pm b_2)$$

即复数在相加减时，实部与实部相加减，虚部与虚部相加减。复数相加减矢量图如图 4-5 所示。复数相加符合平行四边形法则，复数相减符合三角形法则。

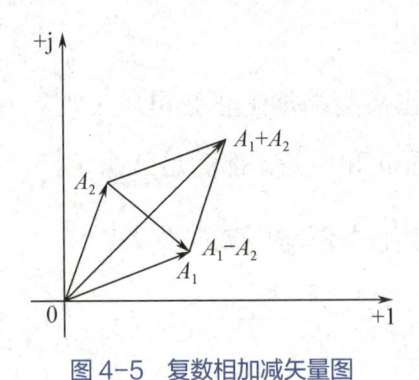

图 4-5 复数相加减矢量图

（2）复数的乘除法。
$$A_1 \times A_2 = r_1\angle\theta_1 \times r_2\angle\theta_2 = r_1 \times r_2 \angle(\theta_1 + \theta_2)$$
$$\frac{A_1}{A_2} = \frac{r_1\angle\theta_1}{r_2\angle\theta_2} = \frac{r_1}{r_2}\angle(\theta_1 - \theta_2)$$

即复数相乘,则模相乘,辐角相加;复数相除,则模相除,辐角相减。

例:求复数 $A=8+j6$,$B=6-j8$ 的和 $A+B$ 及积 $A\times B$。

解:

$$A+B=(8+j6)+(6-j8)=14-j2$$

$$A\times B=(8+j6)(6-j8)\approx 10\angle 36.9°\times 10\angle -53.1°=100\angle -16.2°$$

2. 正弦量的相量表示法

相量表示法又叫作矢量图示法,其用旋转矢量来表示正弦量。图 4-6 所示为正弦量的相量表示法。图 4-6 中矢量的长度表示正弦量的最大值,故此相量叫作最大值相量,用 I_m 表示(也可以表示正弦量的有效值,叫作有效值相量,用 I 表示);矢量与横坐标的夹角表示初相位 φ,当 $\varphi>0$ 时,矢量在横轴的上方;当 $\varphi<0$ 时,矢量在横轴的下方;矢量以角速度 ω 逆时针旋转。

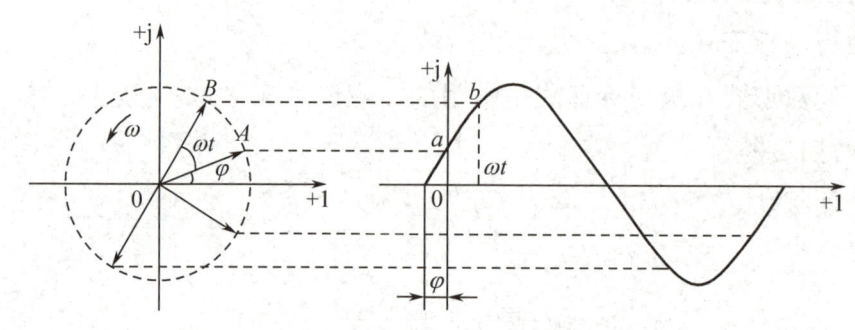

图 4-6 正弦量的相量表示法

(三)单一元件的正弦交流电路

1. 电阻

荧光灯、电炉等用电设备的主要作用是将电能转换为其他形式的能,属于耗能设备,其电路模型都是电阻。

1)电压与电流的关系

如图 4-7 所示,当线性电阻 R 两端加上正弦电压 u 时,电阻中便有电流 i 通过。由前面的内容可知,在任一瞬间,电压 u 和电流 i 都满足欧姆定律,即 $i=\dfrac{u}{R}$。在选择电压与电流为关联参考方向时,可以得到电阻上电压与电流的关系。

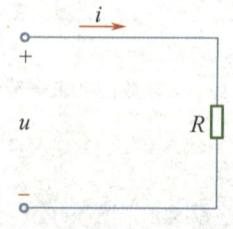

图 4-7 电阻交流电路

设通过电阻的正弦交流电流为

$$i = I_m \sin \omega t = \sqrt{2} I \sin \omega t$$

则

$$u = Ri = RI_m \sin \omega t = \sqrt{2} RI \sin \omega t$$
$$= U_m \sin \omega t = \sqrt{2} U \sin \omega t$$

比较 u 与 i 可得如下内容。

① 电阻上的 u 和 i 为同频率的正弦量。

② u 和 i 的最大值或有效值之间的关系满足欧姆定律，因此有

$$U_m = RI_m \text{ 或 } U = RI$$

③ u 和 i 的相位相同（相位差为 0）。

2）功率

（1）瞬时功率。

在交流电路中，电路元件上的瞬时电压与瞬时电流的积为该元件的瞬时功率，用 p 表示，单位为瓦（W）：

$$p = ui = U_m \sin \omega t I_m \sin \omega t = 2UI \sin^2 \omega t = UI - UI\cos 2\omega t$$

（2）有功功率。

瞬时功率计算起来很不方便，因此在工程上常取它在一个周期内的平均值。该值反映了元件实际消耗电能的情况，称为平均功率，又称有功功率，用 P 表示，单位为瓦（W）。可以证明：

$$P = UI = I^2 R = \frac{U^2}{R}$$

2. 电感

大多数交流电路都是感性的，在分析电路时，其电感作用都可以用电感元件来代替。荧光灯电路中镇流器的电路模型就是电感。

1）电压与电流的关系

电感上电压和电流的关系如图 4-8 所示。

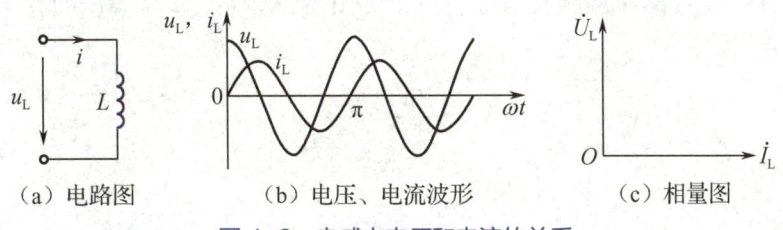

（a）电路图　（b）电压、电流波形　（c）相量图

图 4-8　电感上电压和电流的关系

电压有效值和电流有效值之间的关系为

$$\dot{U}_L = X_L \dot{I}_L$$

式中，X_L 称为电感的电抗，简称感抗，其大小除与自感系数有关外，还与频率成正比，即

$$X_L = \omega L = 2\pi f L$$

2）功率

（1）瞬时功率。

电感两端的瞬时电压与流过电感的瞬时电流的乘积称为瞬时功率，即

$$p = ui = U_m\sin(\omega t + 90°) \times I_m\sin\omega t = 2U_m I_m\cos\omega t\sin\omega t = UI\sin2\omega t$$

（2）有功功率。

根据以上对波形的描述和理论计算可得电感的有功功率为

$$P = \frac{1}{T}\int_0^T p\,dt = \frac{1}{T}\int_0^T UI\sin2\omega t\,dt = 0$$

（3）无功功率。

纯电感电路瞬时功率的波形图在横轴上、下的面积相等，说明电感与电源交换的能量相等。其能量的交换规模用瞬时功率的最大值来表征，瞬时功率的最大值又被称为纯电感交流电路中的无功功率，用 Q 表示：

$$Q = U_L I = X_L I^2 = \frac{U_L^2}{X_L}$$

3．电容

1）电压与电流的关系

电容上电压和电流的关系如图 4-9 所示。

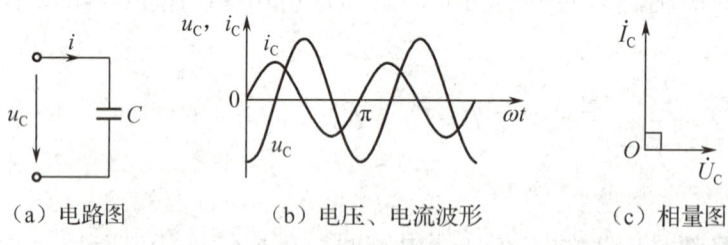

（a）电路图　　（b）电压、电流波形　　（c）相量图

图 4-9　电容上电压和电流的关系

电压有效值和电流有效值之间的关系为

$$\dot{U}_C = X_C \dot{I}_C$$

式中，X_C 称为电容的电抗，简称容抗，容抗的单位是欧姆（Ω）；X_C 与电容和交流电的频率的关系为

$$X_C = \frac{1}{\omega C} = \frac{1}{2\pi f C}$$

2）功率

（1）瞬时功率。

电容的瞬时功率为

$$p = ui = U_m\sin\omega t \times I_m\sin(\omega t + 90°) = U_m I_m\cos\omega t\sin\omega t = UI\sin2\omega t$$

（2）有功功率。

电容的有功功率与电感的有功功率一样，都为零。电容的有功功率为零，说明它并不消

耗能量，只是存储能量。

（3）无功功率。

和电感一样，电容与电源之间能量的交换规模也用无功功率来衡量。电容的无功功率为

$$Q = U_C I = X_C I^2 = \frac{U_C^2}{X_C}$$

4．荧光灯电路的分析

1）荧光灯电路的组成

荧光灯电路由辉光启动器、辉光启动器座、灯管、镇流器、灯座、灯架等组成，如图 4-10 所示。

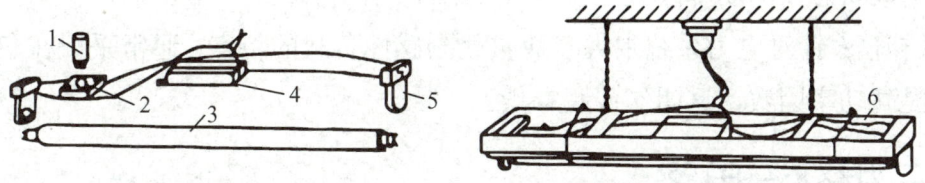

1—辉光启动器；2—辉光启动器座；3—灯管；4—镇流器；5—灯座；6—灯架。

图 4-10　荧光灯电路的组成

2）荧光灯的工作原理

荧光灯电路如图 4-11 所示。在开关闭合瞬间，电路中的电压全部加在辉光启动器的两端，迫使辉光启动器进行辉光放电。辉光放电产生的热量使辉光启动器中的双金属片发生形变，并与静触片接触，电路接通，电流流过镇流器与灯丝，灯丝经加热后发射电子，电流方向如图 4-11（a）所示。辉光启动器的双金属片与静触片接触后停止放电，灯管温度下降，双金属片因温度下降而恢复到原来的断开状态，电流方向如图 4-11（b）所示。

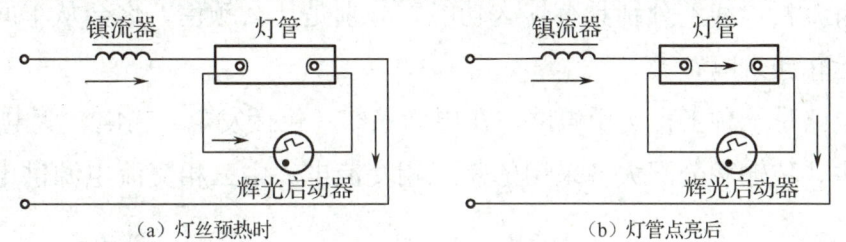

（a）灯丝预热时　　　　　　　　（b）灯管点亮后

图 4-11　荧光灯电路

3）荧光灯电路的模型

荧光灯电路在正常工作时，若只考虑电路中各元件的主要工作性能，忽略能量损耗，开关相当于短路线，镇流器相当于电感，灯管相当于电阻，辉光启动器处于断开状态，是断路。由此可以画出如图 4-12 所示的荧光灯电路的模型。

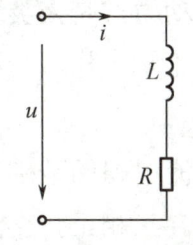

图 4-12　荧光灯电路的模型

4）荧光灯电路功率因数的提高

通过分析荧光灯电路的工作情况可知，荧光灯电路是一个感性电路，其功率因数一般比较低，根据需要可以通过一定方法提高整个电路的功率因数。

电力系统中的大多数负载是感性负载（如电动机、变压器等），这些负载的功率因数较低，提高负载的功率因数能使发电设备得到合理且充分的利用，从而提高输电效率、改善供电质量。

提高功率因数的方法如下。

① 提高用电设备自身的功率因数：一般感性负载应尽量避免在轻载或空载状态下运行，其在轻载或空载状态下的功率因数比在满载状态下的低得多。

② 并联补偿：针对电力系统中大多数负载为感性负载的特点，通常采取在负载两端并联电容的方法提高功率因数，这叫作并联补偿。

三、三相交流电路

不使用三芯插头，造成触电身亡：有一天某汽车生产公司基地的钳工朱某在喷涂车间通风过滤室安装过滤网，他用手持电钻在角钢支架上钻孔。该电钻没有装三芯插头，而是把电钻三芯导线中的工作中性线和保护中性线扭在一起，与另一根相线分别插入三孔插座的两个孔。朱某在钻几个孔后，拖动导线，中性线打结后比相线短，先脱离插座。这使得电钻外壳带220V电压，朱某的身体、角钢支架、大地形成回路，朱某触电死亡。

你知道你家的配电箱有几根电线吗？每根电线具有什么功能？分别是什么颜色？工厂车间的配电箱中有几根电线？分别具有什么功能？分别是什么颜色？你会从车间的配电箱拉出电线使电动机运转起来吗？

三相交流电路是一种工程实用电路。在电力系统（包括发电、输电、变电、配电和用电）中，电能的产生、传输和分配大多采用的是三相交流电。由三相交流电源供电的电路称为三相交流电路。

三相交流电路和单相交流电路相比的优点：三相交流发电机比同容量的单相交流电机更节省材料、成本更低、性能更好、效率更高；三相输电比单相输电更经济；三相交流电路的瞬时功率不随时间而变化等。

（一）三相交流电动势的产生

电力是现代工业生产的主要能源和动力，是人类现代文明的物质技术基础。在工业生产中一般采用三相交流电来保证生产机械正常工作。三相交流电动势是如何产生的呢？三相交流电源是如何连接的呢？

三相正弦交流电路是在单相正弦交流电路的基础上产生的，二者有着密切联系，电能的产生、输送和分配大多采用的是三相制。三相正弦交流电动势是由三相交流发电机产生的。

三相交流发电机如图 4-13 所示。

图 4-13 三相交流发电机

图 4-14 所示为三相交流发电机的原理图。发电机的转动部分称为转子，在转子的励磁绕组中通直流电流，将产生恒定的磁场。发电机的固定部分称为定子，定子铁芯的内圆表面有槽，可以放置定子绕组。三个尺寸和匝数相同的绕组分别用 AX、BY、CZ 表示，称为三相绕组。A、B、C 称为始端，X、Y、Z 称为末端。三相绕组在空间位置上差 120°。

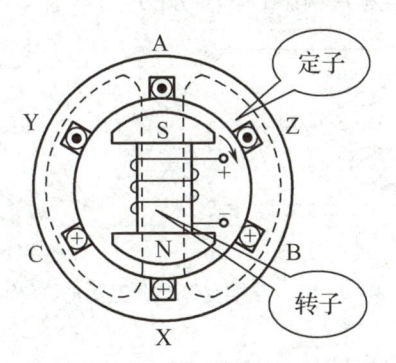

图 4-14 三相交流发电机的原理图

（二）三相交流电源的联结

三相交流电源是由三个单相交流电源按一定联结方式组合而成的。这三个单相交流电源频率相同、最大值相等、相位彼此相差 120°。三相交流电源通常有星形（Y）和三角形（△）两种联结方式。

1. 三相交流电源的星形联结

三相交流电源的星形联结是指将三相交流发电机三相绕组的末端 U_2、V_2、W_2（相尾）连接在一点，始端 U_1、V_1、W_1（相头）分别与负载相连，如图 4-15 所示。

相线：从三相交流电源三个相头 U_1、V_1、W_1 引出的三根导线叫作端线或相线（火线）。

线电压：任意两根相线之间的电压叫作线电压。

相电压：任意一根相线与中性线之间的电压叫作相电压。

中性点：三相交流电源星形联结时的公共点叫作中性点，用 N 表示。

中性线：从中性点引出的导线叫作中性线（零线）。

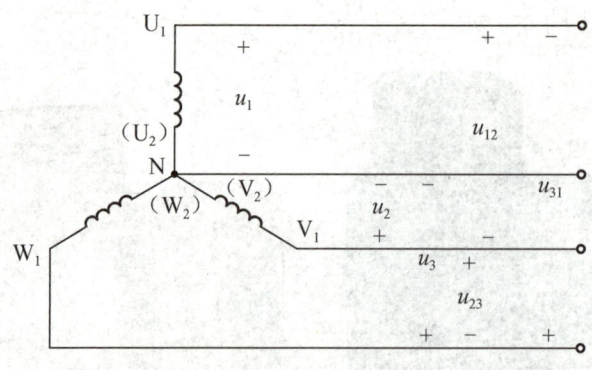

图 4-15 三相交流电源星形联结

三相四线制：由三根相线和一根中性线组成的输电方式叫作三相四线制（通常在低压配电系统中采用）。各线电压有效值是各相电压有效值的 $\sqrt{3}$ 倍，即

$$U_L = \sqrt{3}U_P$$

2. 三相交流电源的三角形联结

三相交流电源的三角形联结是指将三相交流发电机三相绕组的始端与末端依次联结，三个联结点作为三相交流电源输出点，如图 4-16 所示。

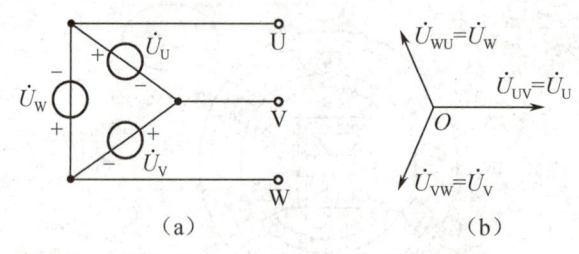

图 4-16 三相交流电源三角形联结

采用三角形联结的三相交流电源的相电压等于线电压，即

$$U_L = U_P$$

（三）三相负载的联结

用电器统称负载，按对电源的要求可分为单相负载和三相负载。

单相负载：需要单相电源供电的负载，如电灯、单相电动机、日光灯等。

三相负载：需要三相交流电源供电的负载，如三相异步电动机、大功率电炉等。

三相对称负载：在三相负载中，如果每相负载的电阻、电抗都相等，则称之为三相对称负载。

因为使用任何电气设备都要求负载承受的电压等于它的额定电压，所以要求负载采用一定的联结方法，以满足负载对电压的要求。在三相交流电路中，负载的联结方法有两种——星形联结和三角形联结。

1. 三相负载的星形联结

三相负载的星形联结就是把三相负载的一端连接到同一个公共端点，另一端分别与电源的三根相线相连。负载的公共端点称为负载的中性点，用 N'表示。若电路中有中性线，则可以构成三相四线制电路；若电路中没有中性线，则只能构成三相三线制电路。

图 4-17 所示为三相负载的星形联结，是三相四线制电路，其线电压为 380V，相电压为 220V。

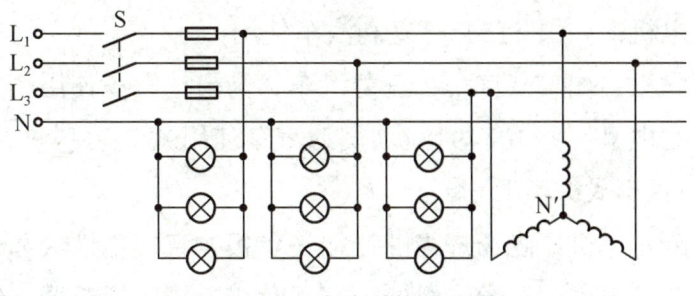

图 4-17 三相负载的星形联结

2. 三相负载的三角形联结

将三相负载的每一相分别接在三相交流电源的两根相线之间的接法称为三相负载的三角形联结。具体为三相负载首尾相连，其连接点与三相交流电源相线相连，构成三相三线制电路，如图 4-18（a）所示。在不计电路阻抗时，电源的线电压直接加于各相负载，负载的相电压等于电源的线电压，即 $U_{\triangle P}=U_L$。因为电源的线电压总是对称的，所以无论负载本身是否对称，负载的相电压总是对称的。

相量图如图 4-18（b）所示，线电流有效值为相电流有效值的 3 倍，线电流相位滞后于对应的相电流相位 30°。

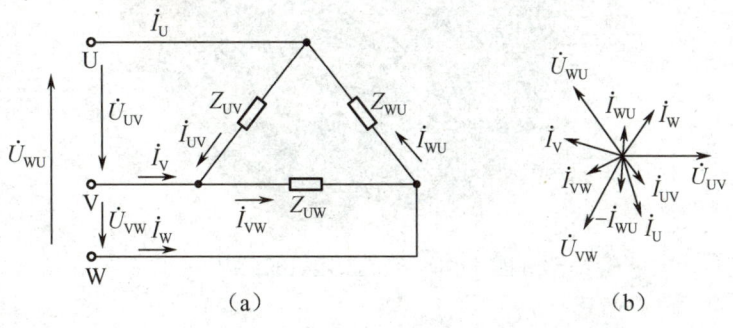

图 4-18 负载的三角形联结

（四）交流发电机

由于交流发电机在许多方面优于直流发电机，直流发电机已被淘汰。目前所有汽车上采用的均是交流发电机。

1. 发电机的分类

1）按总体结构分类

（1）普通交流发电机：使用时需要配置电压调节器的发电机，如 JF132。

（2）整体式交流发电机：发电机和调节器集成于一体，如别克轿车的发动机上装配的 CS 型发电机（有 CS-121、CS-130 和 CS-144 三种型号）。

（3）带泵交流发电机：和汽车制动系统用真空助力泵安装在一起的发电机，如 JFZB292。

（4）无刷交流发电机：不需要碳刷的发电机，如 JFW1913。

（5）永磁交流发电机：磁极是由永磁铁制成的发电机。

2）按整流器结构分类

（1）六管交流发电机：如 JF1522（东风汽车使用）。

（2）八管交流发电机：如 JFZ1542（夏利汽车使用）。

（3）九管交流发电机：如日立汽车、三菱汽车、马自达汽车使用的发电机。

（4）十一管交流发电机：如 JFZ1913Z（奥迪汽车使用）。

3）按磁场绕组搭铁形式分类

（1）内搭铁型交流发电机：磁场绕组的一端（负极）直接搭铁（和壳体相连）。

（2）外搭铁型交流发电机：磁场绕组的一端（负极）接入调节器，经调节器后再搭铁。

2. 交流发电机的结构

交流发电机由前端盖、风扇、转子、电压调节器、轴承、整流器、后端盖、定子等组成，如图 4-19 所示。

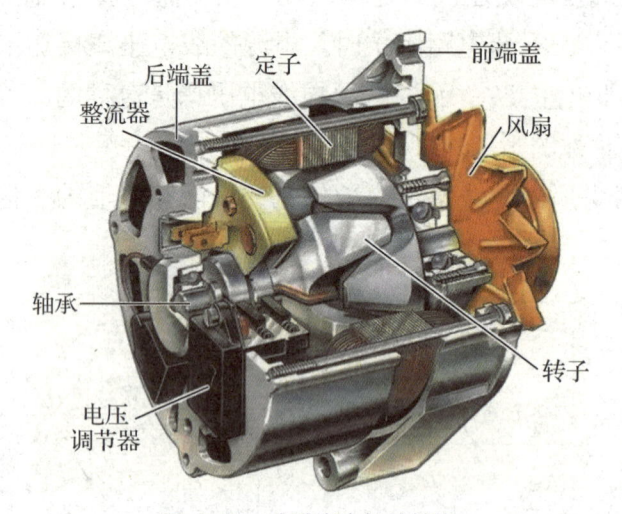

图 4-19 交流发电机的结构

1）转子

转子是发电机的磁极部分，用来产生旋转磁场。转子由集电环（滑环）、转子轴、爪极、磁轭（铁芯）、励磁绕组等组成，如图 4-20 所示。

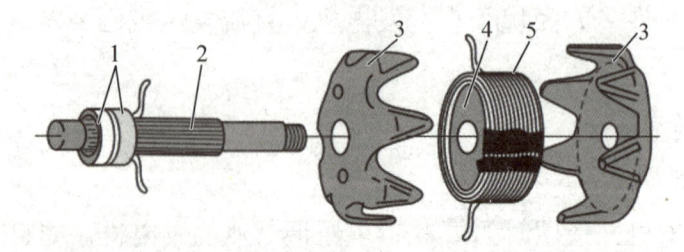

1—集电环（滑环）；2—转子轴；3—爪极；4—磁轭（铁芯）；5—励磁绕组。

图 4-20 交流发电机的转子组成

2）定子总成

定子总成是发电机的电枢部分，固定在前端盖、后端盖之间，用来产生感应电动势。定子总成由定子铁芯和定子绕组组成，如图 4-21 所示。

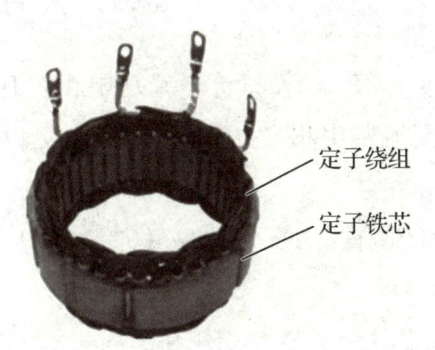

图 4-21 交流发电机的定子总成

3．交流发电机的工作原理

交流发电机的原理图如图 4-22 所示。发电机的转子为磁极，励磁绕组在接通直流电源时将产生磁场，转子的爪极被磁化为 N 极和 S 极。其磁感线从 N 极出发，穿过转子与定子之间很小的气隙进入定子铁芯，最后又通过气隙回到相邻的 S 极。交流发电机的定子为电枢，三相定子绕组在铁芯上彼此相差 120°。转子在旋转时会产生一个旋转的磁场，由于定子绕组切割磁感线，所以三相绕组中产生频率相同、最大值相等、相位相差 120°的正弦电动势 e_U、e_V、e_W。

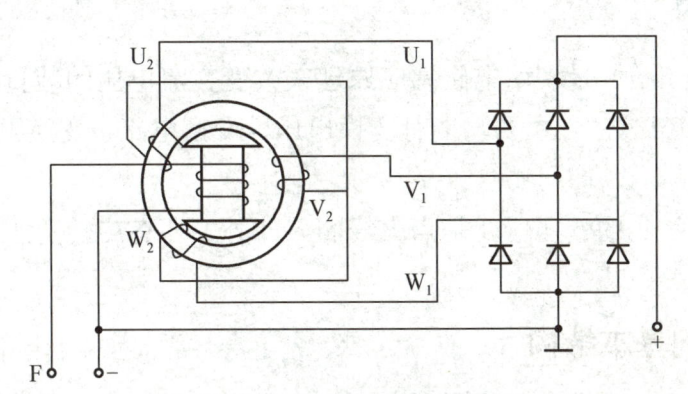

图 4-22 交流发电机的原理图

4．交流发电机的励磁方式

发电机励磁绕组产生磁场，称为励磁，有他励和自励两种方式。由蓄电池向励磁绕组供电的方式称为他励；由发电机产生的电压向励磁绕组供电的方式称为自励。一般汽车用发电机在刚开始发电时，励磁绕组由蓄电池供电产生磁场，属于他励。待发电机旋转起来，输出电压大于或等于蓄电池电压，在发电机的转速达到 1000r/min 左右时，发电机向励磁绕组供电，励磁方式由他励变为自励。

当新能源汽车在放电状态下驱动车辆前进或后退时，其发电机表现出的就是电动机特性。而在松开加速踏板或踩下制动踏板时，新能源汽车的发电机表现出的就是发电机特性。

5. 交流发电机的型号

1) 产品代号

产品代号用字母表示。例如，JF 表示普通交流发电机，JFZ 表示整体式（调节器内置）交流发电机，JFB 表示带泵的交流发电机，JFW 表示无刷交流发电机。

2) 电压等级代号

电压等级代号用一位阿拉伯数字表示。例如，1 表示 12V 系统，2 表示 24V 系统，6 表示 6V 系统。

3) 电流等级代号

电流等级代号用一位阿拉伯数字表示。

4) 设计序号

设计序号用 1 位或 2 位阿拉伯数字表示，表示产品设计的先后顺序。

5) 变形代号

交流发电机以调整臂位置作为变形代号，从驱动端看，若调整臂在左端，则用 Z 表示；若调整臂在右端，则用 Y 表示；若调整臂在中间，则不加变形代号。注意：上述标准不适用于进口发电机。

四、变压器

变压器（Transformer）是利用电磁感应原理来改变交流电压的装置，主要构件是一次线圈、二次线圈和铁芯（磁芯），主要功能有变换电压、变换电流、变换阻抗、隔离、稳压（磁饱和变压器）等。

新能源汽车上最常见的变压器就是点火线圈，此外，还有旋转变压器、充电模块、逆变器、DC-DC 转换器。

（一）变压器的基本结构

变压器的主体结构是由铁芯和线圈两大部分构成的。用硅钢片叠压成的变压器铁芯与电源相接的是一次线圈，与负载相接的是二次线圈。变压器的线圈与线圈之间、线圈与铁芯之间均相互绝缘。图 4-23 所示为变压器结构示意图及符号。

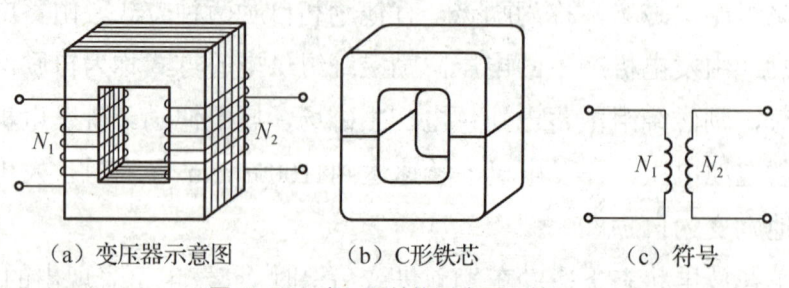

(a) 变压器示意图　　(b) C形铁芯　　(c) 符号

图 4-23　变压器结构示意图及符号

（二）变压器的工作原理

变压器是利用电磁感应原理工作的。如果把变压器的一次线圈接在交流电源上，在一次线圈中就有交变电流流过，交流电流将在铁芯中产生变化的磁通。这个变化的磁通经过闭合磁路同时穿过一次线圈和二次线圈。变化的磁通将在线圈中产生感应电动势，这时，如果在二次线圈上接负载，那么电能将通过负载转换成其他形式的能（见图4-24）。

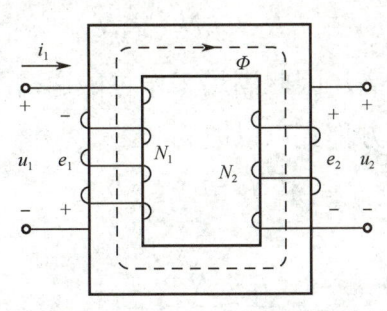

图 4-24 变压器工作原理图

1. 变压器的空载运行与变换电压原理

交变的磁通穿过匝数分别为 N_1 和 N_2 的线圈时，两个线圈中的感应电压分别为 $U_1 \approx 4.44 f N_1 \Phi_m$ 和 $U_2 \approx 4.44 f N_2 \Phi_m$。

$$\frac{U_1}{U_2} \approx \frac{4.44 N_1 \Phi_m}{4.44 N_2 \Phi_m} = \frac{N_1}{N_2} = k$$

式中，φ_m 为主磁通；k 称为变压比，简称空比。显然，改变线圈的匝数即可实现电压变换。当 $k>1$ 时，变压器为降压器；当 $k<1$ 时，变压器为升压器。变压器的空载运行如图4-25所示。

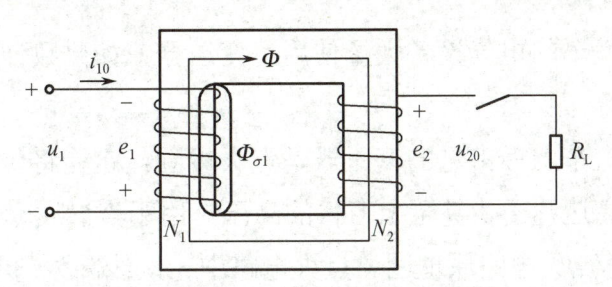

图 4-25 变压器的空载运行

2. 变压器的有载运行与变换电流原理

变压器的有载运行是指一次线圈加额定电压，二次线圈与负载接通时的运行状态。变压器在有载运行时，一次侧电流由 i_{10} 变为 i_1，二次侧产生负载电流，而电压由 u_{20} 变为 u_2。变压器的有载运行如图4-26所示。

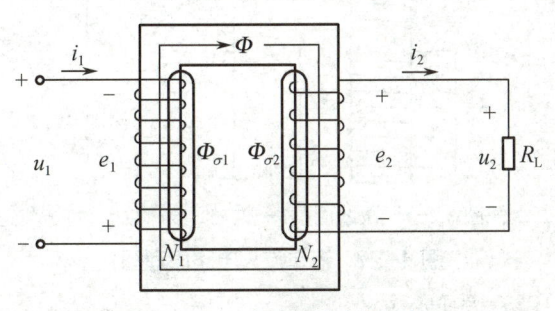

图 4-26 变压器的有载运行

根据主磁通原理，只要电源电压和频率不变，铁芯的工作主磁通Φ的数值就维持不变。因此，一次侧电流i_{10}相应增大为i_1，一次侧磁动势也增大为I_1N_1，增大的部分恰好与二次侧磁动势相平衡。由此可得磁动势平衡方程式为

$$I_0N_1 = I_1N_1 - I_2N_2$$

由于变压器铁芯的磁导率很高，因此满足工作主磁通需要的磁动势I_0N_1很小，与I_1N_1相比可忽略不计，所以磁动势平衡方程式可以改为

$$I_1N_1 - I_2N_2 \approx 0$$

由上式可得

$$\frac{I_1}{I_2} \approx \frac{N_2}{N_1} \approx \frac{1}{k}$$

变压器的能量在传递过程中损耗很小，因此一次侧和二次侧的容量近似相等，有

$$I_1U_1 \approx I_2U_2$$

在能量传递过程中，变压器在变换电压的同时交换了电流。

3. 变压器的阻抗变换作用

某些电路为使负载获得较大功率，对负载阻抗的大小有一定要求。当负载阻抗难以达到匹配要求时，可以利用变压器进行阻抗变换。

（三）车用变压器

传统汽车与新能源汽车的电气设备大量使用了变压器，如磁致伸缩式爆震传感器、进气压力传感器、点火线圈等。

传统汽车与新能源汽车上最常见的变压器是点火线圈，它能将传统汽车与新能源汽车电源系统提供的低压变为高达几千伏甚至上万伏的高压，用于点燃发动机内的可燃混合气。

图4-27所示为汽车点火电路原理图。点火电路中一次线圈为300多匝，二次线圈超过20000匝。当触点断开的瞬间，由于一次线圈中的电流变化，会产生超过10kV的互感电动势。这么高的电压加在火花塞电极两端，火花塞电极间的空气将被电离，从而产生火花，点燃缸中的可燃混合气，使发动机工作。

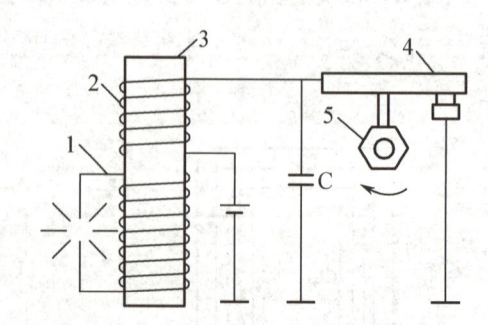

1—二次线圈；2—一次线圈；3—铁芯；4—触点；5—凸轮。

图4-27 汽车点火电路原理图

变压器在新能源汽车中的应用如下。

（1）旋转变压器：在新能源汽车驱动系统中，旋转变压器是一种关键的组件，它负责电能的传输与转换。这种变压器主要应用于电动驱动系统，将动力电池提供的直流电转换为电动机需要的交流电，从而驱动电动机，实现动力输出。

（2）充电模块：在新能源汽车的充电过程中，变压器起到将交流电转换为直流电的关键作用，以便储存电能到动力电池中。

（3）逆变器：逆变器通过变压器先将直流电转换为交流电，然后输出给电动机。

（4）DC-DC 转换器：在新能源汽车中，DC-DC 转换器用于将动力电池提供的直流电转换为适合供应车载电子设备的低压直流电，这个转换依赖于变压器。

（5）电力系统：变压器能够在新能源汽车的电力系统中对发电机的出口电压进行升压，以提高配电网电压的稳定性，满足大容量电力传输和配电的需求，同时适用于电网调峰和储能等应用。

综上所述，变压器在新能源汽车不同子系统中发挥着重要作用，包括但不限于电能的传输与转换、充电过程的电能转换、电动机控制的逆变，以及电源管理的 DC-DC 变换。

任务实施

一、任务准备

在交流发电机的拆装与检测的实训要准备发电机、万用表，还有其他常用工具。

使用示波器观测交流电波形的实训要准备示波器、信号发生器。

在进行实训前，对学生进行分组，每组选出一个小组长，小组长根据小组成员任务分工不同，确定不同的责任人。各组提前了解交流发电机的拆装与检测方案。

二、实践操作

（一）任务一：交流发电机的拆装与检测

1. 实施作业前先认真学习交流发电机的拆装与检测任务书（见表4-1）并填写任务分配表（见表4-2）

表4-1 交流发电机的拆装与检测任务书

设备与工具	发电机、万用表、常用工具
注意事项	1. 熟悉实训场地的安全制度 2. 在分解发电机时要注意做记号 3. 在使用台钳时一定要注意操作安全 4. 在安装时，注意不能随意丢弃绝缘垫 5. 在分离前端盖、后端盖时，不要硬敲、硬撬，要使用拉拔器

续表

操作步骤	1. 将准备工具和发电机放置在工作台上 2. 拆卸后轴承盖的固定螺钉，取下后轴承防尘盖 3. 拆卸碳刷及电压调节器组件与后端盖的两颗紧固螺栓，取下碳刷及电压调节器组件；用电烙铁将整流器与定子绕组的接头脱开，拆卸抗干扰电容与后端盖之间的紧固螺栓，取下整流器及抗干扰电容 4. 将发电机置于台钳上，拆下皮带轮固定螺母，用拉拔器从转子轴上取下皮带轮、垫片和风扇 5. 拧下前端盖、后端盖的连接螺栓；用拉拔器拉开前端盖，取出转子，用布或棉纱蘸适量清洗剂擦洗励磁绕组、定子绕组、碳刷及其他部件 6. 检测发电机的定子与转子 7. 安装顺序与拆卸顺序相反，但要注意拧紧的力矩

表4-2 小组任务分配表

序号	小组任务	个人职责	小组成员
1	负责工具与设备的准备工作	准备需要的设备、工具	
2	发电机的分解	主要负责发电机的分解	
3	定子的检测	主要负责定子的检测	
4	转子的检测	主要负责转子的检测	
5	碳刷的检测	主要负责碳刷的检测	
6	发电机的安装	主要负责发电机的安装	

2. 实施作业并填写实训作业单（见表4-3和表4-4）

表4-3 交流发电机的拆装与检测实训作业单（发电机部件认知）

部件	名称	功用

表4-4　交流发电机的拆装与检测实训作业单（发电机检测）

部件	名称	功用	与相关零部件的关系（理论分析）	检测结果	结果分析
	1. 2. 3. 4.		两个滑环之间	□绝缘 □导通	□绝缘 □导通	
			滑环与铁芯	□绝缘 □导通	□绝缘 □导通	
			爪极与转子轴	□绝缘 □导通	□绝缘 □导通	
	1. 2.		任意两个定子绕组之间	□绝缘 □导通	□绝缘 □导通	
			定子绕组接线端与铁芯之间	□绝缘 □导通	□绝缘 □导通	

3. 完成作业后，请填写评价表（见表4-5）

表4-5　交流发电机的拆装与检测评价表

项目	评价指标	自评	组内互评
工作任务	认识作业要求	□合　格 □不合格	□合　格 □不合格
	按要求完成作业	□合　格 □不合格	□合　格 □不合格
	作业单填写完整	□合　格 □不合格	□合　格 □不合格
职业素养	工作服整洁	□合　格 □不合格	□合　格 □不合格
	正确查阅维修资料和学习材料	□合　格 □不合格	□合　格 □不合格
	合作默契，交流顺畅	□合　格 □不合格	□合　格 □不合格
个人反思			

续表

项目	评价指标		自评	组内互评
教师评价	教师签字： 日　　期：		成　　绩 □合　格	□不合格

（二）任务二：使用示波器观测交流电波形

1. 实施作业前先填写本任务书空白内容（见表4-6）

表4-6　使用示波器观测交流电波形任务书

序号	作业内容	操作内容	要点或注意事项
1	明确作业目标	1. 熟悉示波器的基本使用方法 2. 正确使用示波器观察交流电波形 3. 通过观察交流电波形，掌握交流电路的工作特性	
2	掌握示波器的使用方法	1. 正确连接示波器电源，注意用电安全 2. 将示波器探头一端与示波器信号通道连接，将示波器探头另一端与被测信号连接，将接地端接地 3. 启动示波器，调节示波器相应旋钮，使被测信号显示在示波器的屏幕中 4. 完成调节，正确显示被测信号	
3	完成实训内容	1. 熟悉示波器的使用方法 2. 利用实验台现有元器件设计示波器观测电路，画出电路图 3. 调节示波器面板旋钮，使观测到的波形效果达到最佳，画出波形图 4. 利用示波器观测交流电波形，简述交流电路的工作特性	

2. 实施作业并填写作业单（见表4-7）

表4-7　使用示波器观测交流电波形作业单

序号	作业内容	操作过程	备注（不正确的原因）
1	示波器的使用方法	□正　确 □不正确	
2	设计示波器观测电路图	□正　确 □不正确	
3	画出观测到的波形图	□正　确 □不正确	

3. 完成作业后，请填写评价表（见表 4-8）

表 4-8 使用示波器观测交流电波形评价表

项目	评价指标	自评	组内互评
工作任务	认识作业要求	□合　格 □不合格	□合　格 □不合格
	按要求完成作业	□合　格 □不合格	□合　格 □不合格
	作业单填写完整	□合　格 □不合格	□合　格 □不合格
职业素养	工作服整洁	□合　格 □不合格	□合　格 □不合格
	正确查阅维修资料和学习材料	□合　格 □不合格	□合　格 □不合格
	合作默契，交流顺畅	□合　格 □不合格	□合　格 □不合格
个人反思			
教师评价	教师签字： 日　　期：	成　　绩	
		□合　格	□不合格

理论测试

一、填空题

1. 正弦交流电完成一次周期性变化需要的时间叫作＿＿＿＿＿＿＿＿＿＿。

2. 用电流表测得一正弦交流电路中的电流为 8A，其最大值为＿＿＿＿＿＿＿ A。

3. 电容的容抗与自身容量是＿＿＿＿＿＿（填"正比""反比"）关系，与信号频率是＿＿＿＿＿（填"正比""反比"）关系。

4. 交流发电机的主要部件有＿＿＿＿＿＿、＿＿＿＿＿＿、＿＿＿＿＿＿、＿＿＿＿＿＿、＿＿＿＿＿＿、＿＿＿＿＿＿。

5. 交变电流是指电流的大小和＿＿＿＿＿＿都随时间进行周期性变化，且在一个周期内其平均值为零。

二、简答题

1. 荧光灯电路由哪些元器件组成？

2. 简述交流发电机的工作原理。

3. 简述变压器的工作原理。

三、计算题

1. 将标有"220V·100W"的电烙铁接在 220V 的交流电源上，通过的电流是多少？电烙铁工作 4h 消耗的电能是多少？

2. 两个同频率的正弦电压 u_1 和 u_2 的有效值分别为 30V 和 40V，试问：
（1）在什么情况下，u_1+u_2 的有效值为 70V？
（2）在什么情况下，u_1+u_2 的有效值为 50V？
（3）在什么情况下，u_1+u_2 的有效值为 10V？

拓展新知

新能源汽车核心技术瞄准国际先进水平

国务院办公厅印发的《新能源汽车产业发展规划（2021—2035 年）》（以下简称《规划》）从提高技术创新能力、构建新型产业生态、强化质量安全保障、推动产业融合发展、完善基础设施体系、深化开放合作方面提出了 5 项保障措施，主要亮点可以归纳成"四个新"。

一是适应新形势。当前，新能源汽车融汇新能源、互联网、人工智能等多种变革性技术，使产品的形态、交通出行模式都发生了深刻变化，发展趋势由电动化为主拓展到了网联化和智能化。

二是适应新要求。《规划》进一步明确要充分发挥市场在资源配置中的决定性作用，强化企业在技术路线选择等方面的主体地位，政府要更好地发挥在完善标准法规、优化发展环境等方面的作用。

三是明确发展的新方向。《规划》提出了"新能源汽车新车销售量达到汽车新车销售总量的 20% 左右"的新目标，以及"力争经过 15 年的持续努力，我国新能源汽车核心技术达到国际先进水平，质量品牌具备较强国际竞争力"的发展愿景。

四是提出发展新路径。《规划》深化了"三纵三横"研发布局，更加注重与国际接轨。其中"三纵"是指纯电动汽车、插电式混合动力（含增程式）汽车、燃料电池汽车，"三横"是指动力电池与管理系统、驱动电机与电力电子、网联化与智能化技术。

（资料来源：《经济日报》）

项目五

数字电路的认知及应用

学习目标

素质目标

1. 培养学生通过互联网、书籍、手册等渠道获取信息的能力。
2. 培养学生独立自学、讨论合作、协同解决问题的能力。
3. 培养学生严谨治学的科学素养。

知识目标

1. 理解数字电路的概念、特点,掌握各种进制数之间的转换。
2. 掌握逻辑电路的概念及分析方法。
3. 掌握"与""或""非"逻辑及其复合逻辑关系。
4. 了解集成电路的分类及特点。

技能目标

1. 能够熟练查阅集成电路手册。
2. 能够对常用集成电路的逻辑功能进行分析。
3. 掌握集成组合逻辑器件连接、调试电路的方法。

项目五 数字电路的认知及应用

📽 情境描述

一辆行驶里程约为 $8.6×10^4$ km 的北汽新能源 EC3 汽车被送到维修店维修,用户反映该车经常出现冷却液液位过低的报警现象。

车辆到店后经目测并不存在冷却液液位过低故障。通过检查发现,在故障出现时(冷却液液位正常,系统提示冷却液液位低)冷却液液位开关电阻为无穷大,电气信号输出错误从而导致报警。

这是一个关于数字电路的案例,作为新能源汽车专业的学生,在遇到数字电路的问题时应如何处理?

一、接受任务

请一名同学扮演车主,一名同学扮演接待人员,一名同学扮演维修人员,展现维修接待场景。全班观看后分组讨论汽车的数字电路应用有哪些,处理数字电路问题应该掌握哪些知识。

二、任务分析

在汽车电子电路中,电信号主要在传感器、ECU(Electronic Control Unit,电子控制单元)及执行器件之间进行传递。传感器输入 ECU 的信号大体上可以分为两种:一种是连续变化的模拟信号;另一种是高压、低压间隔变化的脉冲式数字信号。数字信号与模拟信号不同,它的大小没有意义,我们只需要关注它的变化频率。数字信号传递的信息是"高"和"低",分别用二进制数"1"和"0"表示,对应的三极管状态为"饱和"和"截止"。数字电路具有精度高、易于集成、成本低、抗干扰能力强等特点。数字电路被广泛应用于汽车电路中,其中 ECU 就是一个典型的数字电路系统。

数字电路研究的主要问题是输出信号的状态("0"或"1")和输入信号的状态("0"或"1")之间的逻辑关系,即电路的逻辑功能。了解汽车数字电路的基础知识对于维修、诊断和升级新能源汽车电子系统至关重要。

⚙ 知识解析

一、逻辑电路

数字电路也称为逻辑电路。逻辑电路包括基本逻辑电路、组合逻辑电路和时序逻辑电路,下面主要介绍基本逻辑电路和组合逻辑电路。

（一）模拟与数字

1. 模拟信号

模拟量用于表示连续变化的物理量。如果信号是连续变化的，就称其为模拟信号，模拟信号示意图如图 5-1 所示。

图 5-2 所示为热敏电阻式水温传感器。水温传感器向水温指示表输入的信号随着水温的变化而连续变化，所以此信号为模拟信号。

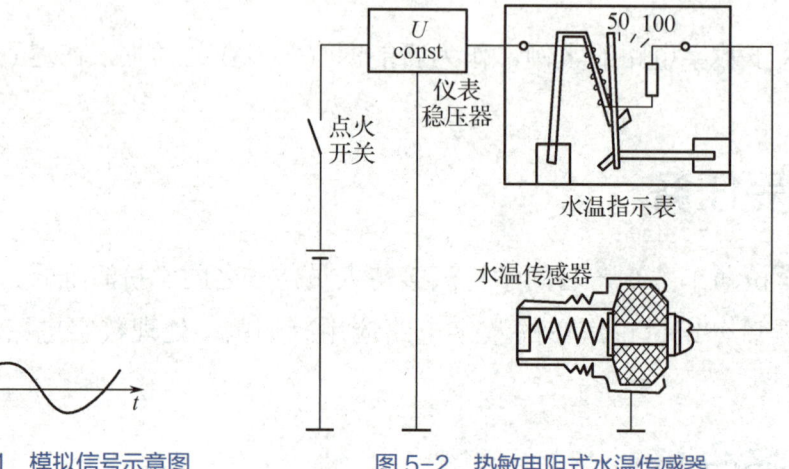

图 5-1 模拟信号示意图

图 5-2 热敏电阻式水温传感器

2. 数字信号

数字量用于表示不连续变化的跳跃式的物理量。如果电压和电流信号在时间和幅度上都是不连续变化的脉冲信号，就称之为数字信号。数字信号只会在高、低两种状态之间变换，数字信号示意图如图 5-3 所示。

图 5-4 所示为光电式信号发生器示意图。汽车上的光电式信号发生器输出的信号是遮光盘不断通过光电耦合器产生的"有"或"无"（"透光"或"遮光"）规律变化的脉冲信号，可以用二进制数"0"代表"无"，用二进制数"1"代表"有"。

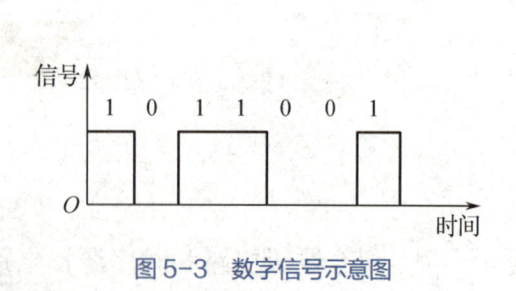

图 5-3 数字信号示意图

图 5-4 光电式信号发生器示意图

数字信号与模拟信号不同，其电压最大值本身没有什么意义，只要关注有无电压（脉冲）、瞬间电压出现的次数（脉冲数量）、高压或低压的维持时间（脉冲宽度）等。

3．模拟电路与数字电路

（1）模拟电路。

处理和传输模拟信号的电路称为模拟电路。

（2）数字电路。

处理和传输数字信号的电路称为数字电路。

4．数字电路的特点

数字电路具有以下特点。

（1）易于集成。

数字电路的输入信号、输出信号只有低电平（0）和高电平（1）两种状态。具有两个稳定状态或能分出两个相反状态的电路都可以称为数字电路。在数字电路中工作的三极管多数处于开关状态，即工作在饱和区和截止区，放大区只是过渡状态。

由此可知，构成数字电路的基本单元电路结构简单，对元器件精度要求不高，允许其有一定误差，对三极管参数的要求远低于模拟电路，更易于集成和大规模生产，且生产成本低。

（2）输入信号和输出信号之间有逻辑关系。

数字电路的主要研究对象是输入信号和输出信号间的逻辑关系。

（3）抗干扰能力强和保密性能好。

数字电路组成的数字系统工作可靠，精度高，抗干扰能力强，在各个领域得到广泛应用。数字电路的工作信号是脉冲信号，它是根据其脉冲数量、脉冲宽度和脉冲频率（单位时间内脉冲的数量，通常用 Hz 来表示）来工作的。因此，干扰信号只能影响脉冲的幅值，且干扰信号的强度只要不超出电路的识别范围，就不会影响电路的正常工作。

在数字电路中，数字信号可以在编码加密后再进行传送，接收端通过译码来还原传送的信号，因此数字电路不易泄密。

在汽车电路中，数字集成电路随处可见。

（二）数制与码制

1．数制

数制是指数的表示方法，常用的数制有十进制和二进制两种。

1）十进制

十进制是人们日常生活中常用的一种数制，它有 0、1、2、3、4、5、6、7、8、9 十个数码，在数值上满 9 之后便归回 0，且往前进一位，即"逢十进一"或"借一当十"。

每一位数码根据它在数中的位置不同，代表不同的值。n 位十进制数中，数字是各位数码与基数 10 的次幂的乘积的和。由图 5-5 可知，十进制正整数 658 可表示为

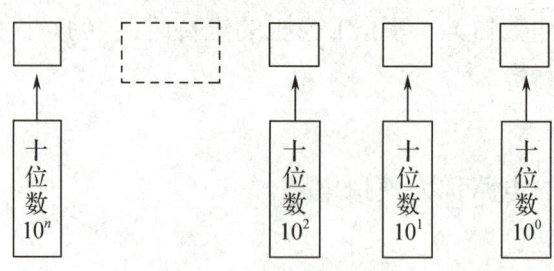

$$658=6\times10^2+5\times10^1+8\times10^0$$

图 5-5 十进制数的排列意义

十进制的发明不仅为人们带来了方便，还在科学计算方面给予了共同的标准——十进制是现今国际标准。

2）二进制

既然十进制数如此方便，为什么还要使用二进制数呢？

电脑虽然拥有超强的记忆力和高速的计算力，但是它无法了解人类的语言（十进制数），它使用的语言是只含有 0、1 两个数的二进制数。二进制数的基数为 2，计数规则是"逢二进一"或"借一当二"。例如，$(1101)_2=1\times2^3+1\times2^2+0\times2^1+1\times2^0=13$。

以汽车电脑为例，汽车传感器传递的信号不论是模拟信号还是数字信号，都是经过电脑转换成二进制数后进行计算、处理的。

在数字电路中，电路设计多以双态为基础。双态指的是 yes 或 no、高电平或低电平、1 或 0。以将三极管应用在数字电路中为例，三极管的工作状态只有两个——饱和、截止，而不是其正常的工作范围（放大状态），因此三极管的工作非常稳定。当三极管工作在线性电路中时，其特性极易受温度影响。

如图 5-6 所示，当 VT_1 的基极输入电压为 0V（低电平）时，VT_1 处于截止状态，其集电极的输出电压为电源电压 5V（高电平），VT_2 处于饱和状态，VT_2 的输出电压为 0V（低电平）。反之，当 VT_1 的基极输入电压为 5V（高电平）时，VT_1 处于饱和状态，VT_2 处于截止状态，VT_2 的输出电压为 5V（高电平），如表 5-1 所示。故三极管的工作状态不是饱和就是截止，这就是双态的含义。

图 5-6 三极管的双态操作

表 5-1 三极管状态值

三极管	输入端	输出端
VT_1	0	0
VT_2	1	1

电脑为什么采用二进制数进行计算呢？

① 易于集成。数字电路的输入信号、输出信号只有两种状态：低电平（0）和高电平（1）。数字电路中工作的三极管多数处于开关状态，即工作在饱和区和截止区。因此，数字电路对三极

管参数的要求远低于模拟电路对三极管的要求，更易于集成和大规模生产，且生产成本低。

② 运算简单且快速。因为只有 0、1 两个数字，比其他进制简单，故运算容易且快速。二进制数加法和二进制数乘法如表 5-2 和表 5-3 所示。

表 5-2　二进制数加法

加法	0	1
0	0	1
1	1	10

表 5-3　二进制数乘法

乘法	0	1
0	0	0
1	0	1

③ 便于逻辑推理。电脑不仅能够进行加法、乘法运算，还能够依据已知条件处理逻辑性（真假）问题。将各项数据输入电脑后编成二进制数形式，可以与逻辑电路中的 0 和 1 兼容。

3）二进制数与十进制数的转换

二进制数转换成十进制数的方法：先将非十进制数按展开式展开，然后相加，就可以得到结果。

例：$(11011)_2=(\quad)_{10}$

解：$(11011)_2=1\times2^4+1\times2^3+0\times2^2+1\times2^1+1\times2^0$

$\qquad\quad=2^4+2^3+2^2+2^1+2^0$

$\qquad\quad=(27)_{10}$

将十进制数转换成二进制数：常用的方法是除 2 倒取余法，也就是先将十进制数除以 2，然后保留除以 2 得到的余数，如此重复，直到商为 0 为止，最后将余数从下向上读出，得到的便是二进制数。

十进制数 18 的转换过程如下。

$$\begin{array}{r|l}2&18\quad\cdots\cdots\text{余数}0---a_0\\2&9\quad\cdots\cdots\text{余数}1---a_1\\2&4\quad\cdots\cdots\text{余数}0---a_2\\2&2\quad\cdots\cdots\text{余数}0---a_3\\2&1\quad\cdots\cdots\text{余数}1---a_4\\&0\end{array}$$ 读数顺序

从下往上读取余数得到的就是对应的二进制数，即

$$(18)_{10}=(10010)_2$$

将十进制数转换成二进制数：整数部分和小数部分应分别转换。整数部分采用除 2 倒取

余法；小数部分采用乘 2 正取整法。

例：将十进制数$(26.375)_{10}$转换成二进制数。

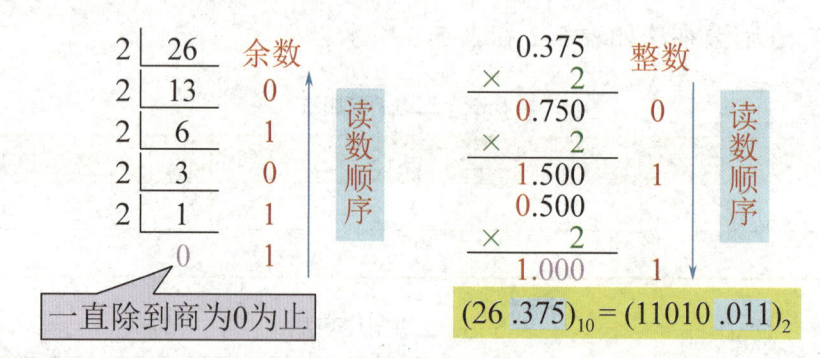

$(26.375)_{10} = (11010.011)_2$

2. 码制

数字电路中的二进制数码不仅可以用来表示数字的大小，还可以用来表示各种文字、符号、图形等非数值信息，称为代码，如 110。建立这种代码与文字、符号或其他特定对象之间的对应关系的过程称为编码。编码的表示方法称为码制。

在数字电路中，经常用到二进制数，因为人们更习惯使用十进制数，所以常用 4 位二进制数来表示 1 位十进制数，称为二-十进制编码，简称 BCD 码。最常用的二进制码是 8421BCD 码，其编码表如表 5-4 所示。

表 5-4 8421BCD 码编码表

十进制数	二进制数			
	位权 2^3	位权 2^2	位权 2^1	位权 2^0
0	0	0	0	0
1	0	0	0	1
2	0	0	1	0
3	0	0	1	1
4	0	1	0	0
5	0	1	0	1
6	0	1	1	0
7	0	1	1	1
8	1	0	0	0
9	1	0	0	1

（三）基本逻辑电路

门就是一种开关，它能按照一定的条件控制信号通过或不通过。门电路的输入信号和输出信号之间存在一定逻辑关系（因果关系），所以门电路又称逻辑电路。在汽车控制电路中，基本逻辑电路很常见。例如，由"非"门（反相器）构成的多谐振荡电路常被用来产生振荡信号。下面主要介绍基本逻辑电路。

本书在介绍门电路时，用"1"代表逻辑"真"，用"0"代表逻辑"假"。基本的逻辑关系仅有三种,即"与""或""非"。

1."与"逻辑和"与"门

1)"与"逻辑

当决定某一事件的所有条件都具备时该事件才会发生,这种因果关系称为"与"逻辑关系,电路如图 5-7 所示,用 A、B 两个开关串联控制灯泡 Y,只有当开关 A、B 都闭合时,灯泡 Y 才会亮。这种因果关系就是"与"逻辑关系。

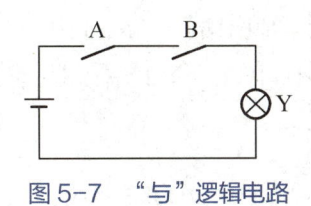

图 5-7 "与"逻辑电路

2)"与"门

具有"与"逻辑关系的电路称为"与"门电路,简称"与"门。图 5-8 所示为二极管组成的"与"门和逻辑符号,它有两个输入端 A、B,一个输出端 Y。假定输入信号的高电平为 5V,低电平为 0,则按输入信号的不同可分为以下情况。

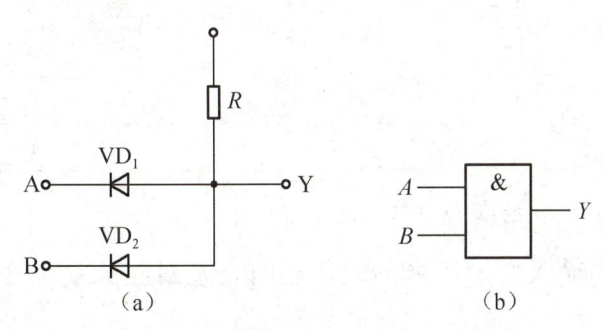

图 5-8 二极管组成的"与"门和逻辑符号

(1)输入端 A、B 都输入低电平(0):这时 VD_1、VD_2 都处于正向导通状态。如果忽略二极管的导通压降,则输出端 Y 输出低电平(0)。

(2)输入端 A、B 只有一个输入低电平(0):这时输入低电平的二极管优先导通,输出端 Y 仍输出低电平(0)。

(3)输入端 A、B 都输入高电平(5V):这时 VD_1、VD_2 都截止,输出端 Y 的输出电平基本上与输入端的输入电平相等,为高电平(5V)。

"与"门电平表如表 5-5 所示。

表 5-5 "与"门电平表

输入		输出
A	B	Y
0	0	0
0	1	0

续表

输入		输出
A	B	Y
1	0	0
1	1	1

分析结果如下。

只有输入端都输入高电平（1）时，输出端才输出高电平（1）；否则，输出端输出低电平（0）。

"与"门逻辑关系可概括为"有 0 出 0，全 1 出 1"，对应的"与"门真值表如表 5-6 所示，其逻辑表达式为

$$Y = A \cdot B = AB$$

上式读作：Y 等于 A 与 B。

表 5-6　"与"门真值表

输入		输出
A	B	Y
0	0	0
0	1	0
1	0	0
1	1	1

归纳：我们常见的串联电路就是"与"门。

注意：用 0、1 表示的输入变量可能的取值的组合及对应的输出变量的取值排列而成的表格称为真值表。

2. "或"逻辑和"或"门

1）"或"逻辑

在决定一件事情的条件中，只要有一个或一个以上条件满足，这件事就会发生。这种逻辑关系称为"或"逻辑，电路如图 5-9 所示。

"或"逻辑电路的特点：只要电路中有一个或一个以上的开关闭合，灯泡就会亮。

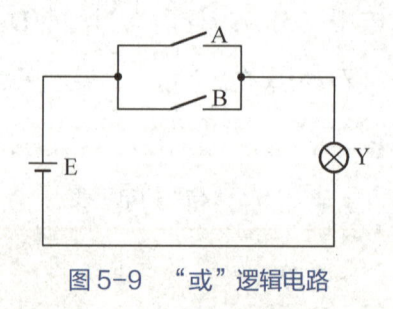

图 5-9　"或"逻辑电路

2）"或"门

具有"或"逻辑关系的电路称为"或"门电路，简称"或"门，如并联电路。图 5-10（a）

所示为二极管组成的"或"门。图 5-10（b）所示为"或"门逻辑符号。当一个或一个以上的输入端输入高电平（5V）时，相应的二极管导通，如果忽略二极管的导通压降，则输出端输出高电平（5V）；当两个输入端都输入低电平（0）时，所有二极管截止，输出端输出低电平（0）。

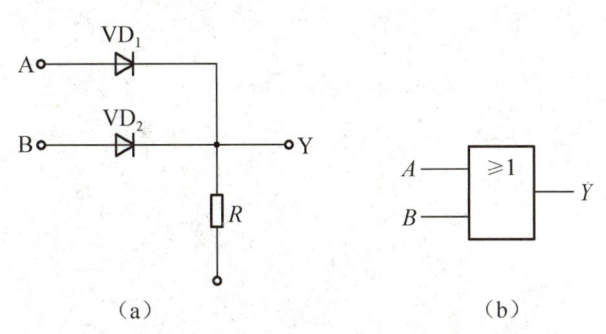

图 5-10 二极管组成的"或"门和逻辑符号

分析结果如下。

表 5-7 所示为"或"门真值表，只要有一个输入是高电平（1），输出就是高电平（1）。

表 5-7 "或"门真值表

输入		输出
A	B	Y
0	0	0
0	1	1
1	0	1
1	1	1

"或"门逻辑关系可以概括为"有 1 出 1，全 0 出 0"，其逻辑表达式为

$$Y = A + B$$

上式读作：Y 等于 A 或 B。

3. "非"逻辑和"非"门

1）"非"逻辑

"非"逻辑关系就是输出的状态与输入的状态相反。"非"在逻辑上是否定的意思。

2）"非"门

具有"非"逻辑功能的电路叫作"非"门电路，简称"非"门，又称反相器。图 5-11（a）所示为三极管组成的"非"门。图 5-11（b）所示为"非"门的逻辑符号。当输入端 A 输入高电平（5V）时，VT 饱和导通，输出端 Y 输出低电平（0）。反之，当输入端 A 输入低电平（0）时，VT 截止，输出端 Y 输出高电平（5V），输出与输入反相，实现了"非"的逻辑功能。

分析结果如下。

表 5-8 所示为"非"门真值表。"非"门逻辑关系可概括为"入 0 出 1，入 1 出 0"，逻辑

表达式为

$$Y = \overline{A}$$

上式读作：Y 等于 A 非（或 A 反）。

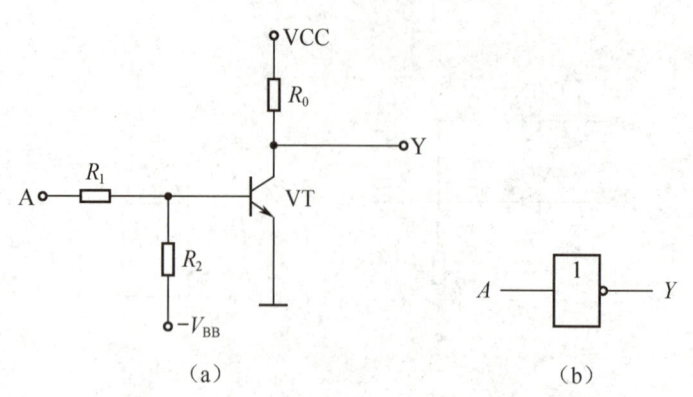

图 5-11 三极管组成的"非"门和逻辑符号

表 5-8 "非"门真值表

输入	输出
A	Y
0	1
1	0

3）缓冲器

将两个"非"门串联，可以得到一个"非非"门，又称缓冲器。

缓冲器的作用相当于一个射极跟随器，可以增大输入阻抗。低电平输入产生低电平输出；高电平输入产生高电平输出。当逻辑电路因低阻抗而过载时，可在逻辑电路和阻抗之间串联一个缓冲器，以增大逻辑电路的负载阻抗，且不改变信号的相位。

（四）组合逻辑电路

人们常将上述基本逻辑电路组合起来，构成常用的组合逻辑电路，以实现各种控制功能。

例如，将"与"门、"或"门、"非"门简单组合，可以得到"与非"门、"或非"门、"异或"门等。这些组合逻辑电路在带负载能力、工作速度、可靠性方面都有较好表现，因此成为逻辑电路中常用的基本电路。

1."与非"门

图 5-12 所示为典型的"与非"门和逻辑符号。"与非"门由二极管组成的"与"门和三极管组成的"非"门串接而成，输入与输出之间的关系是"与非"逻辑关系。

"与非"门具有两个或两个以上输入端，必须所有输入都为高电平，输出才是低电平。由"与非"门的真值表可以看出，其输出与"与"门相反。"与非"门是"与"门和"非"门的组合，其逻辑表达式为

$$Y = \overline{AB} = \overline{A} + \overline{B}$$

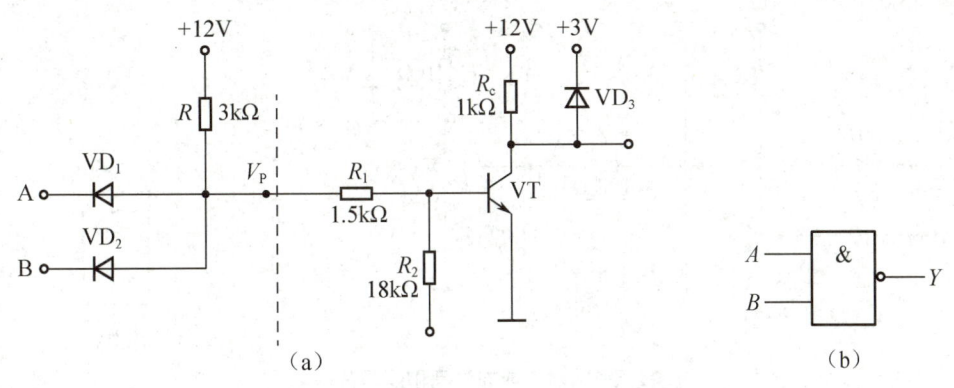

图 5-12 典型的"与非"门和逻辑符号

常见的集成"与非"门为 74LS00，其内部有四个二输入"与非"门，引脚图如图 5-13 所示。"与非"门真值表如表 5-9 所示。

图 5-13 74LS00 引脚图

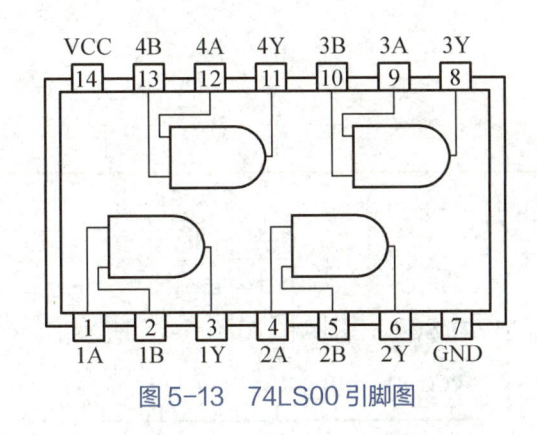

表 5-9 "与非"门真值表

输入		输出
A	B	Y
0	0	1
0	1	1
1	0	1
1	1	0

2."或非"门

图 5-14 所示为"或非"门和逻辑符号。"或非"门由一个二极管组成的"或"门和一个三极管组成的"非"门组成，输入和输出之间是"或非"逻辑关系，其特点是只要输入有"1"，输出就为"0"；只有输入全为"0"，输出才为"1"。也就是说，"或非"门只辨认所有输入均为低电平的信号。表 5-10 所示为"或非"门真值表。

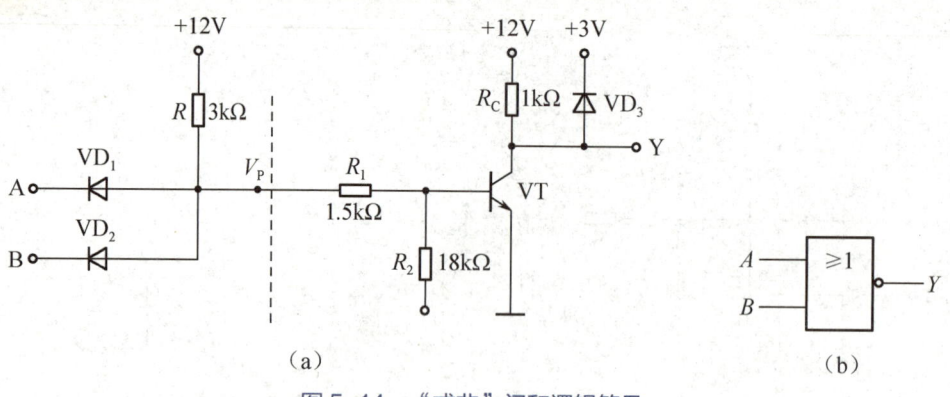

图 5-14 "或非"门和逻辑符号

表 5-10 "或非"门真值表

输入		输出
A	B	Y
0	0	1
0	1	0
1	0	0
1	1	0

"或非"门的逻辑表达式为

$$Y=\overline{A+B}$$

常见的集成"或非"门为 74LS02，引脚图如图 5-15 所示。

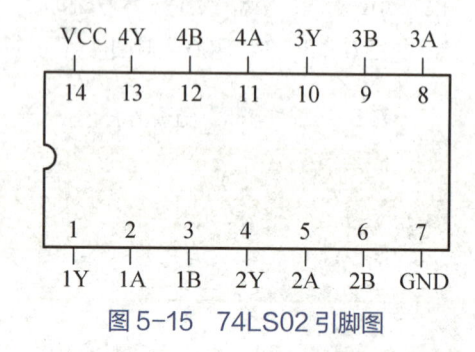

图 5-15 74LS02 引脚图

（五）时序逻辑电路

时序逻辑电路一般是由触发器组成的，如计数器、寄存器等。触发器是一种具有记忆功能的逻辑器件，它有两种相反的稳定输出状态。按逻辑功能的不同，触发器可分为 RS 触发器、JK 触发器、D 触发器和 T 触发器。

1. RS 触发器

图 5-16 所示为基本 RS 触发器的电路和逻辑符号，该电路由两个"与非"门交叉耦合而成。

为了便于区别，通常将触发器接收输入信号之前的状态称为触发器的现态，用 Q^n 表示；将触发器接收输入信号之后的状态称为触发器的次态，用 Q^{n+1} 表示。描述触发器的逻辑功能就是找出触发器的次态与现态及输入信号之间的关系。

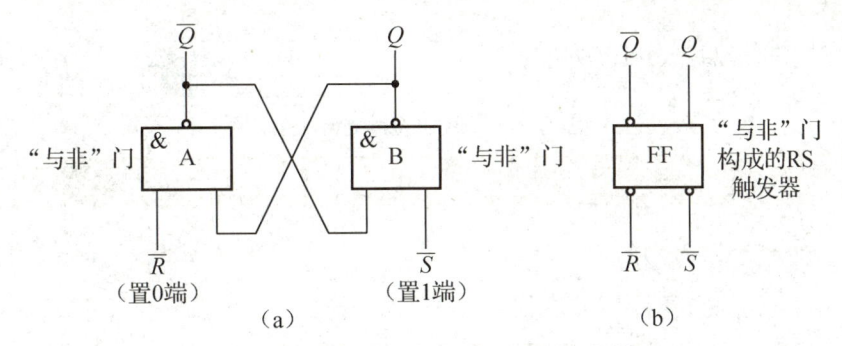

图 5-16 基本 RS 触发器的电路和逻辑符号

用于描述触发器次态与现态及输入信号之间关系的表称为特性表。由"与非"门组成的基本 RS 触发器特性表如表 5-11 所示。

表 5-11 由"与非"门组成的基本 RS 触发器特性表

$\bar{R}$	$\bar{S}$	Q^n	Q^{n+1}	状态说明
0	0	0	随机状态	不定状态
0	0	1	随机状态	
0	1	0	0	置0
0	1	1	0	
1	0	0	1	置1
1	0	1	1	
1	1	0	0	保持原态
1	1	1	1	

2. JK 触发器

图 5-17 所示为 JK 触发器的电路和逻辑符号。JK 触发器由两个"与或非"门和两个"与非"门组成，图 5-17 中的 $G_1 \sim G_6$ 是一个 RS 触发器；G_7、G_8 是两个"与非"门，负责接收输入信号与输出端交叉反馈信号。

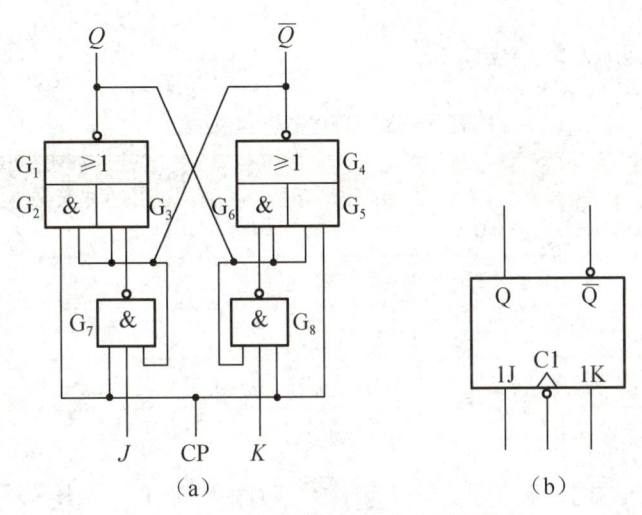

图 5-17 JK 触发器的电路和逻辑符号

JK 触发器的特性表如表 5-12 所示。

表 5-12　JK 触发器的特性表

CP	J	K	Q^n	Q^{n+1}	状态说明
1	0	0	0	0	保持原态
1	0	0	1	1	
1	0	1	0	0	置 0
1	0	1	1	0	
1	1	0	0	1	置 1
1	1	0	1	1	
1	1	1	0	1	翻转
1	1	1	1	0	

3. D 触发器

在同步 RS 触发器的基础上，把"与非"门 G_3 的输出端 $\overline{S}$ 和"与非"门 G_4 的输入端 R 相连，使 $R = \overline{S}$，以免发生 $\overline{S} = R = 0$ 的情况，并将"与非"门 G_3 的输入端 S 改为输入端 D，得到的就是 D 触发器，其电路构成如图 5-18 所示。

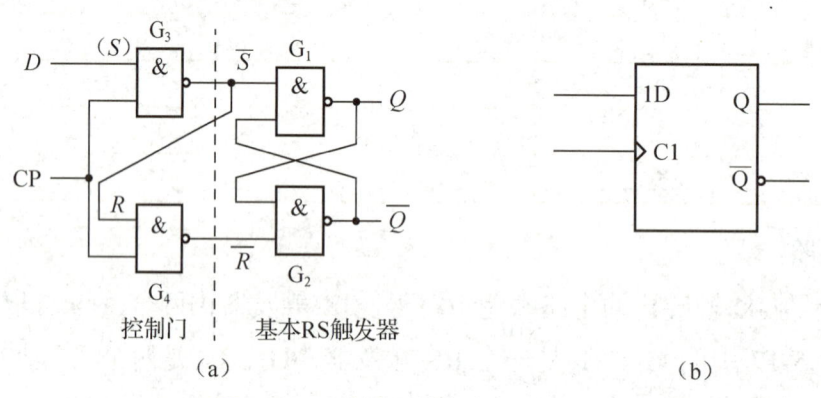

图 5-18　D 触发器的电路和逻辑符号

D 触发器的特性表如表 5-13 所示。

表 5-13　D 触发器的特性表

D	Q^n	Q^{n+1}	功能说明
1	0	1	置 1
1	1	1	
0	0	0	置 0
0	1	0	

4. T 触发器

将 JK 触发器的输入端 J、K 连接在一起，作为输入端 T，就构成了 T 触发器。

T 触发器是指在数字电路中，凡在时钟脉冲控制下，根据输入信号 T 取值的不同，具有保持和翻转功能的触发器，即当 T=0 时，能保持状态不变；当 T=1 时，一定翻转的电路。

T 触发器的电路及逻辑符号如图 5-19 所示。

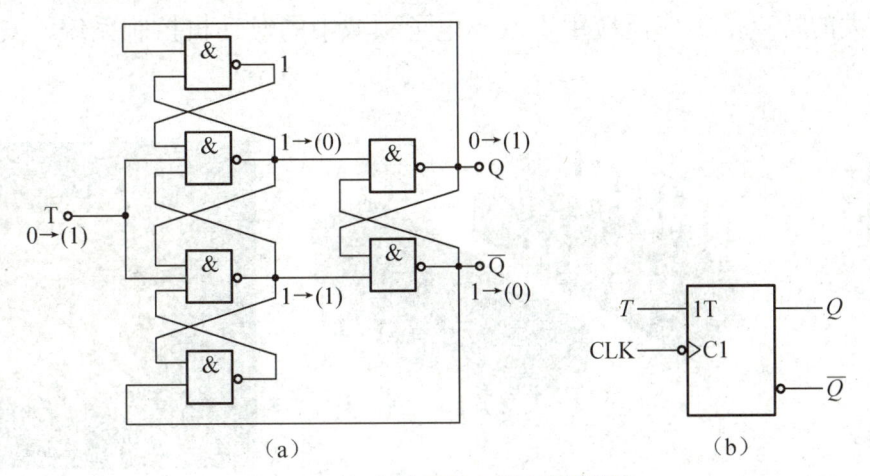

（a）

（b）

图 5-19　T 触发器的电路及逻辑符号

T 触发器的特性表如表 5-14 所示。

表 5-14　T 触发器的特性表

T	Q^n	Q^{n+1}	功能说明
0	0	0	保持
0	1	1	
1	0	1	翻转

二、集成电路

（一）认识集成电路

用分立元件构成的逻辑电路在应用时有很多缺点，如连线和焊点太多、电路的体积太大，这会造成电路的可靠性很差，因此一般只在电子电路中作为补充电路使用。目前，数字电路中广泛采用的是集成电路。集成电路只有电源、输入、输出、控制线等引线，与分立电路相比，具有成本低、可靠性高且便于安装调试的特点。

集成电路是将大量的三极管、电阻、电容等元器件通过半导体制造工艺集成在一块硅片上，实现特定功能的微型化电路，是一种半导体器件，在电路中用字母 IC 表示。集成电路具有体积小、耐振动、耐潮湿、稳定性高等优点，被广泛应用于计算机、测量仪器及汽车电子控制系统中。

集成电路的外形如图 5-20 所示。

集成电路的分类方法如下。

（1）按功能、结构，集成电路可以分为模拟集成电路、数字集成电路和数模混合集成电路三大类。模拟集成电路又称线性电路，用来产生、放大和处理各种模拟信号，其输入信号

085

和输出信号成比例。数字集成电路用来产生、放大和处理各种数字信号。数模混合集成电路是一种将模拟电路和数字电路集成在同一芯片上的集成电路，它具有集成度高、精度高、功耗低、功能强大的特点，被广泛应用于汽车电子领域中的发动机控制系统、安全气囊控制系统等。

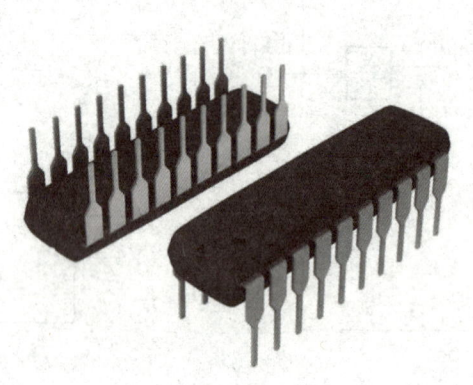

（a）圆形金属外壳封装　　　　（b）双列直插式封装　　　　（c）陶瓷扁平封装

图 5-20　集成电路的外形

（2）按制作工艺，集成电路可以分为半导体集成电路、膜集成电路（还可以细分为薄膜集成电路、厚膜集成电路）和混合集成电路。

（3）按功能，集成电路可以分为模拟集成电路和数字集成电路。

（4）按晶体管的性质，集成电路可以分为双极型晶体管集成电路（TTL 系列）和单极型晶体管集成电路（CMOS 系列）。

集成电路主要有两大类：一类是由三极管构成的，如 TTL 电路；另一类是由 CMOS 管构成的，如 CMOS 电路。

1. TTL 电路

1）TTL 电路类别

TTL 电路包含如下系列。

① 74：标准系列，其典型电路中"与非"门的平均传输时间 t_{pd}=10ns，平均功耗 P=10mW。

② 74H：高速系列，是在 74 系列的基础上改进得到的，其典型电路中"与非门"的平均传输时间 t_{pd}=6ns，平均功耗 P=22mW。

③ 74S：肖特基系列，是在 74H 系列的基础上改进得到的，其典型电路中"与非"门的平均传输时间 t_{pd}=3ns，平均功耗 P=19mW。

④ 74LS：低功耗肖特基系列，是在 74S 系列的基础上改进得到的，其典型电路中"与非"门的平均传输时间 t_{pd}=9ns，平均功耗 P=2mW。74LS 系列产品具有较佳的综合性能，是 TTL 电路的主流产品。

图 5-21 所示为典型的 74LS 电路。

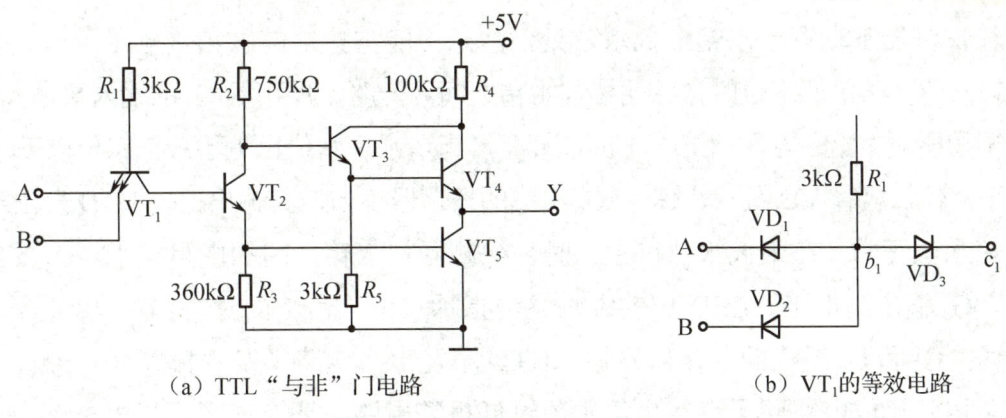

(a）TTL"与非"门电路 　　　　（b）VT$_1$的等效电路

图 5-21　典型的 74LS 电路

2）TTL 电路结构特点

TTL 电路由输入级（实现"与"功能）、中间级（倒相级）、输出级组成，其特点是输入低电平，输出高电平；输入高电平，输出低电平，逻辑表达式为

$$Y=\overline{AB}$$

TTL 电路通过使用双极型晶体管组合来实现具有驱动能力的逻辑输出。TTL 电路最重要的特性是其输入在未连接时为逻辑高电平。TTL 电路有很多种类，但其基本工作原理是类似的，最常见的是"与非"门电路。

2. CMOS 电路

CMOS 电路是在 TTL 电路问世之后开发出的被广泛应用的数字集成电路，从发展趋势来看，随着制造工艺的改进，CMOS 电路的性能有可能超越 TTL 电路，成为占主导地位的逻辑器件，CMOS 电路的工作速度可与 TTL 电路相比较，而它的功耗和抗干扰能力远优于 TTL 电路，且成本较低。几乎所有超大规模存储器件都采用 CMOS 工艺制造。早期生产的 CMOS 电路为 4000 系列，随后发展出了 4000B 系列。当前与 TTL 电路兼容的 CMOS 器件有 74HCT 系列等。

（二）集成电路在汽车上应用

汽车水箱中的水量直接影响发动机的冷却，也影响汽车的正常行驶。图 5-22 所示为汽车水箱水位过低报警电路，其作用是在水箱水位低于最低水位时进行声光报警，提醒驾驶员加水。

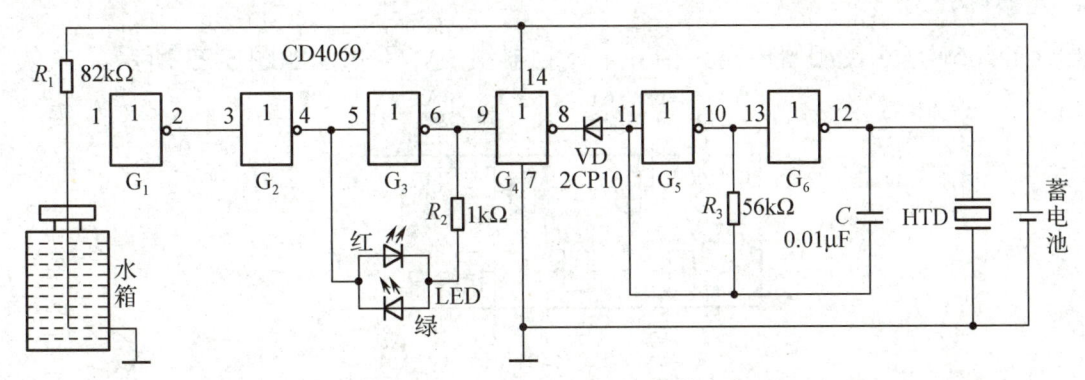

图 5-22　汽车水箱水位过低报警电路

将铜棒探测器下端置于水箱最低水位处，注意不能与接地的水箱接触。

当水箱水位低于最低水位时，探测器与水箱之间为开路，反相器 G_1 的输入端输入高电平，相应 G_3 的输出端输出低电平，LED 中的红灯亮，指示水箱水位已处于最低水位以下。同时 G_4 输出高电平，使二极管 VD 截止，G_5 和 G_6 组成的振荡器工作，其输出促使 HTD 发出声音。

当水箱水位正常（在最低水位以上）时，探测器与水箱之间的电阻较小，G_1 的输入端输入低电平，G_3 输出高电平，LED 中的绿灯亮，指示水位正常。同时 G_4 输出低电平，使二极管 VD 导通，G_5 和 G_6 组成的振荡器停振，HTD 不发声，电路不发生报警。

汽车常用的集成电路除了汽车水箱水位过低报警电路，还有电子调压器电路、电子点火电路、闪光器电路、仪表显示专用集成电路、汽车用音乐/语言芯片（如语音倒车报警电路）、汽车密码锁电路等。

任务实施

一、任务准备

根据所学数字电路知识及水箱水位过低报警电路的工作原理，在教师的指导下，以小组为单位，准备好实验所用仪表、工具、元器件，完成对水箱水位过低报警电路安装调试的实训。

（一）明确实训目的

1. 了解集成电路 CD4069 在汽车上的应用。
2. 能识读汽车水箱水位过低报警电路图。
3. 能按照电路原理图连接电路并调试。
4. 复习汽车水箱水位过低报警电路图及工作原理。

（二）相关知识

1. 汽车水箱水位过低报警电路图

汽车水箱水位过低报警电路如图 5-22 所示。

2. 元器件介绍

（1）CD4069 是 6 反相器电路，由 6 个反相器组成，引脚图如图 5-23 所示。

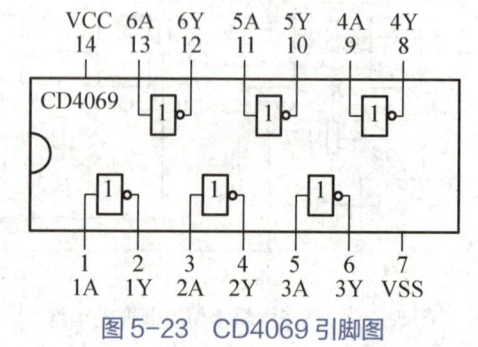

图 5-23 CD4069 引脚图

（2）压电陶瓷片是一种结构简单、轻巧的电声器件，如图 5-24 所示，中间为正极。

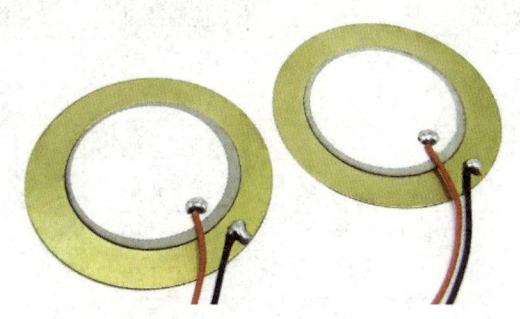

图 5-24　压电陶瓷片

二、实践操作

任务：汽车水箱水位过低报警电路安装调试

1. 实施作业前先填写本任务书（见表 5-15）空白内容及小组任务分配表（见表 5-16）

表 5-15　汽车水箱水位过低报警电路安装调试任务书

检查项目	检查内容	检查结果	
实训器材检查	电控发动机实验台架	□合　格	□不合格
	汽车电器实验台架	□合　格	□不合格
	导线	□合　格	□不合格
	电烙铁	□合　格	□不合格
	万能板	□合　格	□不合格
	万用表	□合　格	□不合格

表 5-16　小组任务分配表

序号	小组任务	个人职责	小组成员
1	负责工具与设备的准备工作	准备所需设备、工具	
2	电路分析	主要负责分析电路	
3	元器件测试	主要负责元器件测试	
4	电路连接	主要负责焊接电路	
5	电路调试	主要负责调试电路	

2. 实施作业并填写作业单（见表 5-17）

表 5-17　汽车水箱水位过低报警电路的安装调试作业单

序号	作业内容	检查结果	备注（不正常的情况下注明）
1	检测 LED、集成电路、压电陶瓷片	□正　常 □不正常	
2	检测电阻、电容	□正　常 □不正常	

续表

序号	作业内容	检查结果	备注（不正常的情况下注明）
3	按工艺要求焊接电路	□正 确 □不正确	
4	连接 LED 等	□正 确 □不正确	
5	检查电路各部分连接	□正 确 □不正确	
6	通电调试： 将铜棒探测器下端置于水箱最低水位处，注意不能与接地的水箱接触。观察电路现象，并记录	□正 常 □不正常	

3. 完成作业后，请填写评价表（见表5-18）

表5-18 汽车水箱水位过低报警电路安装调试评价表

项目	评价指标	自评	组内互评
工作任务	认识作业要求	□合 格 □不合格	□合 格 □不合格
	按要求完成作业	□合 格 □不合格	□合 格 □不合格
	作业单填写完整	□合 格 □不合格	□合 格 □不合格
职业素养	工作服整洁	□合 格 □不合格	□合 格 □不合格
	正确查阅维修资料和学习材料	□合 格 □不合格	□合 格 □不合格
	合作默契，交流顺畅	□合 格 □不合格	□合 格 □不合格
个人反思			
教师评价	教师签字： 日　　期：	成　　绩 □合　格	 □不合格

理论测试

一、填空题

1. 将十进制数$(13)_{10}$转换成二进制数是_____。

2. 数字信号的特点是在_____和_____上都是不连续变化的，其高电平和低电平常用_____和_____表示。

3. 基本逻辑电路有_____、_____、_____。

4. "或"门逻辑关系可概括为有_____出_____，全_____出_____。

5. 某资料室有3把锁，由三人分别负责一把锁，现将锁的开、闭作为逻辑输入信号，门的开、闭作为逻辑输出信号，若把3把锁并起来锁在一起，则构成逻辑关系_____；若将3把锁一把套一把地锁起来，则构成逻辑关系_____。

二、简答题

1. 数字电路中为什么采用二进制？

2. 列出逻辑表达式 $Y=A+B$ 的真值表。

3. 简述数字集成电路的优点。

拓展新知

汽车智能化　监管需跟上

　　汽车电动化、智能化的产业升级大势正在催生新一轮消费升级，部分品牌新能源汽车受到前所未有的关注与追捧。在所谓新能源汽车"黄金十年"的预期已成行业和市场共识的背景下，近期品牌新能源汽车的维权风波敲响了警钟，揭示了产业和资本推动下的新能源智能汽车普及热潮与市场监管体系脱节的现状。随着新能源汽车普及步伐持续加快，新能源汽车网联化也被持续放大。

　　电动化、智能化、网联化是汽车产业升级的趋势。越来越多的城市采取"以市场换产能"的策略来吸引企业在当地投资建厂，以"开放应用场景"为路径来加快应用普及步伐；越来越多的消费者将购买电动网联汽车作为守护环境和全新消费体验兼得的新风尚。这种给予需求端的共振效应对培育壮大新兴产业来说值得珍视，而越是珍视这种势头，就越应该站在消费者的立场上关注消费者的切身利益，特别是与人身安全有关的风险因素，哪怕再偶然发生也不可忽视。产业发展固然可以乘势突进，但作为消费品的普及，切不可冒进，特别是汽车这种存在系统性安全风险的特殊消费品。

　　新产品普及每前进一步，相应的市场监管体系就应跟进一步，及时适配才能真正构建守护安全和维护消费者权益的"利器"。汽车的电动化、智能化和网联化是方兴未艾的技术进步潮流，它给汽车产品带来的变革是根本性的。如今智能汽车具有150多个ECU和约1亿行代码，而一架民航客机只有1500万行代码。不仅如此，智能化和网联化对云计算、边缘计算和网络基础设施的稳定性、低延时性等要求极为苛刻。与此同时，电磁干扰、网络攻击等对智能汽车行驶安全是具有根本性破坏作用的偶发因素。正因为是全方位的深刻变革，目前的技术进步仍然在路上，由此推出的新产品也并非成熟产品。例如，智能驾驶正处于行业内划分的L2到L3的过渡阶段，与更高智能化水平相伴生的是受到的技术限制更多。对于成熟度不够高的产品，企业游说各方加快普及推广的动机很强，不仅是出于逐利动机，更因为产品正是在越来越广泛的使用过程中才加快成熟进程的。基于此，市场监管体系不仅要主动跟进，更要有不可一日缺位的紧迫感。

　　监管智能网联汽车是一项新课题，不可能在短期内拿出一套成熟的、各方都满意的监管方案，但这绝不是监管滞后的理由。面对新生事物，监管要充分听取行业和企业意见建议，不仅是因为监管体系亟须完善，其本身也是释放强化监管信号的行之有效的路径，监管更要强化担当，面对舆论焦点和质疑，不应将所有责任推给单个企业，而应及时检视监管漏洞，特别是全面审视在检测、鉴定、数据采集等方面存在的短板，全力缩小监管能力与技术进步的"时差"，以监管体系的动态升级持续强化企业对于消费者的敬畏感，真正守住消费安全这条底线。

（来源：《安徽日报》）

项目六

新能源汽车常用电磁器件原理分析与检测

学习目标

素质目标
1. 培养学生通过互联网、书籍等渠道获取信息的能力。
2. 培养学生独立自学和与同学讨论合作的能力。
3. 培养学生学习科学家对科学研究坚韧不拔的精神。

知识目标
1. 掌握电磁学基本知识。
2. 了解自感和互感原理,能说出变压器的结构和原理。
3. 能说出继电器的作用和主要组成部分,并正确描述继电器的工作原理。
4. 了解在新能源汽车上应用的典型继电器。
5. 能描述点火线圈的组成和工作原理,了解点火线圈的种类。
6. 能说出燃油回收系统的组成,炭罐电磁阀的工作原理。
7. 知道喷油器的类型,了解喷油器的结构和工作原理,会安装喷油器。

技能目标
1. 会搭建带继电器的灯光电路。
2. 会检测汽车用四线继电器。
3. 会使用万用表检测闭磁路点火线圈。

情境描述

新能源汽车维修店接待了一名客户，该客户反馈他的新能源汽车充不上电，即使更换能正常充电的充电枪，也无法充电。经检查发现，该新能源汽车在连接充电枪后听不到继电器吸合的声音。作为新能源汽车专业的学生，请帮忙分析故障原因并进行检测维修。

一、接受任务

全班分组讨论可能引发故障的原因并进行故障检测。

二、任务分析

继电器在新能源汽车上的应用非常广泛。为了安全，在新能源汽车主控制电路上会设置主、副两个继电器，当一个继电器出现故障无法正常切断电路时，会使用另一个断电器切断电路。近几年磁性材料在新能源汽车上的应用非常广泛，驱动电机里常见的永磁体，DC-DC转换器和车载充电机中的电感、变压器，充电桩的核心部件等都用了传统汽车上常见的电磁器件。随着新能源汽车产量的高速增长，电感及变压器这些新能源汽车及充电桩等设备的核心技术部件的产量也在高速增长。

思考与讨论

1．在新能源汽车电路中，为什么不用普通开关直接控制用电器，而是用继电器来控制呢？
2．继电器在工作时是靠什么力来实现触点开关的吸合与断开的？
3．如何区分常开型继电器与常闭型继电器？
4．点火开关的工作原理是什么？
5．喷油器与炭罐电磁阀都属于电磁阀，它们与继电器有什么相同点？有什么不同点？

知识解析

一、电磁学基础知识

（一）磁场

具有吸引铁磁性物质（如铁、镍等）特性的材料被称为磁性材料。通常所说的磁铁就是一种磁性材料。磁铁能够产生磁场，规定小磁针的 N 极在磁场中任意一点的所指方向为该点的磁场方向。

凡是用到电的地方几乎都存在磁现象，那么电和磁究竟有怎样的联系呢？19 世纪，丹麦物理学家奥斯特相信电和磁之间应该存在某种联系,并开始了探索。于是,有了著名的实验——奥斯特实验。如果在直导线附近放置一枚小磁针,当导线中有电流通过时,磁针将发生偏转。奥斯特实验证明了电流周围存在磁场,揭示了电流的磁效应。自奥斯特实验之后,安培等人又进行了很多相关研究。他们发现,不仅通电导线对磁体有作用力,磁体对通电导线也有作用力,任意两根通电导线之间也有作用力。那么这些作用力是怎样发生的呢?原来磁体和磁体之间、磁体和通电导体之间,以及通电导体与通电导体之间的相互作用都是通过磁场发生的。

磁场是看不见摸不着的。在研究磁场时,为了形象地描述磁场,我们引入磁感线。磁感线上任一点的切线方向与该点的磁场方向相同。图 6-1 所示为条形磁体、直线电流、通电螺线管和环形电流的磁感线分布。

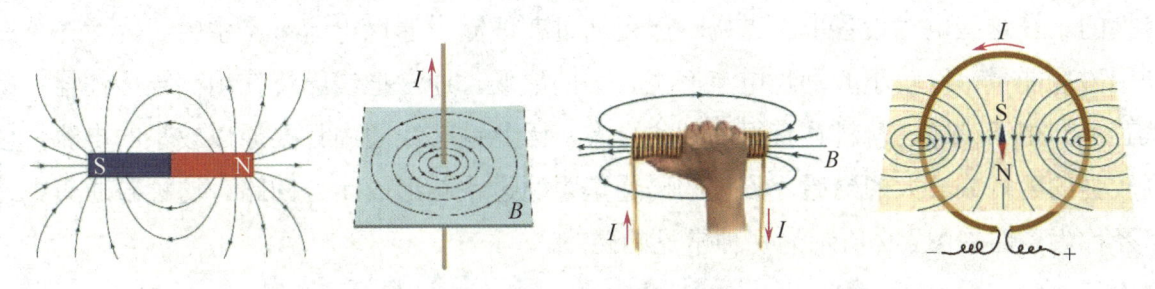

图 6-1 条形磁体、直线电流、通电螺线管和环形电流的磁感线分布

(二)磁场的基本物理量

1. 磁感应强度

磁感应强度是表征空间某点磁场强弱与方向的物理量,用字母 B 表示。磁感应强度的方向就是小磁针在该处静止时 N 极所指的方向,即磁场方向,其大小等于单位长度的直导线在该点受到的电磁力:

$$B = \frac{F}{IL}$$

如果磁场中各点的磁感应强度的大小相等,方向相同,就称这个磁场为均匀磁场。

磁感应强度的单位由 F、I 和 L 的单位决定,在国际单位制中,磁感应强度的单位是特斯拉,简称特,符号是 T。在工程计算中,通常采用 G(高斯)作为磁感应强度的单位,$1G=10^{-4}T$,变压器或电动机铁芯中磁场的磁感应强度为 0.8~1.7T。

2. 磁通量

磁感线的疏密程度表示了磁场的强弱。设在磁感应强度为 B 的均匀磁场中,有一个与磁场方向垂直的平面,其面积为 S,我们把 B 与 S 的乘积叫作穿过这个平面的磁通量,简称磁通,用字母 Φ 表示,则有

$$\Phi = BS$$

在国际单位中,磁通的单位是韦伯,简称韦,符号是 Wb。在工程上常用 Mx 作为磁通的单位,$1Wb=10^8 Mx$。

从 $\Phi = BS$ 可以得出 $B = \dfrac{\Phi}{S}$，该式表示磁感应强度的大小等于穿过垂直磁场方向的单位面积的磁通，因此磁感应强度又称磁通量密度或磁通密度。

3. 磁导率

磁导率是用来表示物质导磁性能的物理量，用 μ 表示。在国际单位中，磁导率的单位是亨/米，符号是 H/m。

（三）磁路及铁芯线圈

1. 磁路

类似于导体有良好的导电性能，一些磁性材料对于磁场也具有良好的传导性，磁场在这些物质内遇到较少的阻碍。电动机、变压器、继电器等电气设备都是利用这个特性来实现能量转换的。在这些电气设备中，磁场一般是通过在线圈中通以电流来产生的，为了充分有效地利用磁场能量，以较小的励磁电流产生较强的磁场，通常把线圈绕在由高导磁性材料制成的铁芯上。由于该磁性材料具有很高的磁导率，因此铁芯线圈中只要通以较小的电流，便能得到较强的磁场或较大的磁通，磁场的磁通集中通过铁芯形成闭合回路。这种磁通集中通过的路径称为磁路。图 6-2 所示为几种常见的磁路。

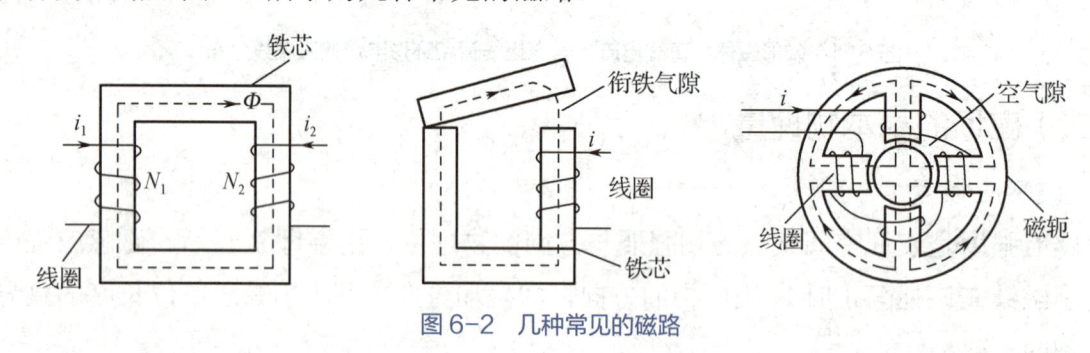

图 6-2 几种常见的磁路

由于高磁导率铁芯对磁场有良好的传导性，因此电流产生的磁通基本被约束在铁芯的闭合路径中，称之为主磁通。周围弱磁性物质中的磁通很微弱，称之为漏磁通。由于漏磁通只占总磁通很小一部分，因此在磁路分析和计算中一般略去不计。主磁通和漏磁通示意图如图 6-3 所示。

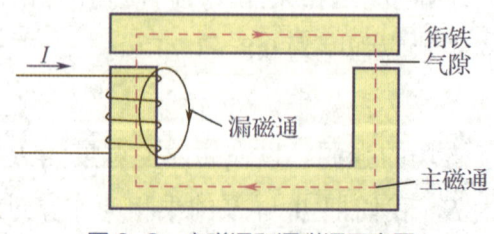

图 6-3 主磁通和漏磁通示意图

2. 磁阻

类似于电流在通过导体时会受到阻碍作用，磁通在通过磁性材料时也会受到阻碍作用，这种阻碍用磁阻来衡量，用 R_m 表示。磁路中磁阻 R_m 的大小与磁路的长度 L 成正比，与磁路的横截面面积 S 成反比，并且与组成磁路的材料性质有关（磁导率越高，磁阻越小）：

$$R_m = L/(\mu S)$$

电动机、变压器等电气设备中既有电路，又有磁路。

3. 磁动势

电流在电路中流动是由于存在电动势，类似地，磁路中的磁通也需要磁动势来驱动，磁动势用 F 来表示，又称磁通势，它的值是线圈匝数 N 和线圈中通过的电流 I 的乘积，即

$$F = NI$$

在国际单位中，磁动势的单位为安培匝数，简称安匝，符号为 AT。

4. 铁芯线圈

铁芯线圈分为两种——直流铁芯线圈和交流铁芯线圈。直流铁芯线圈通直流电来励磁，交流铁芯线圈通交流电来励磁。直流铁芯线圈比较简单，因为励磁电流是直流，产生的磁通是恒定的，在线圈和铁芯中不会感应出电动势。当线圈中通交流电时，产生的磁通也是变化的。在交流铁芯线圈中，除线圈上有功率损耗（铜损）外，铁芯中也有功率损耗（铁损）。

（四）电磁感应

奥斯特发现的电流的磁效应震动了整个科学界，激起了科学家们研究电和磁关系的热情。电流的变化可以产生磁场，那么，磁场的变化是否能产生电流呢？1822年，英国物理学家法拉第在日记中写下了"由磁产生电"的设想，并为此进行了长达10年的探索，最终于1831年发现磁在一定条件下能使导体产生电流，他把这一现象命名为电磁感应，将产生的电流叫作感应电流。电磁感应的发现使人们对电与磁的内在联系的认识更加深入，电磁学也因此作为一门学科而诞生。电磁感应的发现不但推动了电磁理论的发展，而且在生产技术上具有划时代的意义——人们根据电磁感应原理制造了发电机、变压器等电气设备。

只要穿过闭合导体回路的磁通发生变化，不管这种变化是由什么原因引起的，闭合导体回路中就会出现电流，这种现象被称为电磁感应现象，如图 6-4 所示。电磁感应现象中产生的电动势称为感应电动势，产生的电流称为感应电流。

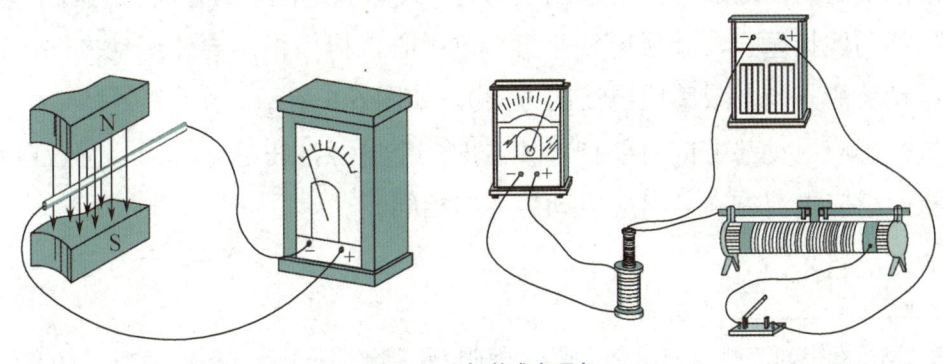

图 6-4 电磁感应现象

1. 法拉第电磁感应定律

电路中只要有感应电流就一定有感应电动势；如果电路没有闭合，就没有感应电流，但感应电动势依然存在，产生感应电动势的那部分导体相当于电源。

德国物理学家纽曼和韦伯分别于 1845 年和 1846 年先后提出：闭合电路中感应电动势的大小与穿过这一电路的磁通的变化率成正比。因为法拉第对电磁感应现象的研究有巨大贡献，所以后人称这个定律为法拉第电磁感应定律。

2. 楞次定律

当线圈中的磁通发生变化时，线圈就会产生感应电动势。感应电动势的方向由楞次定律和右手螺旋定则[①]判定。感应电流产生的磁通总是企图阻碍原磁通的变化。也就是说，当线圈中的磁通要增加时，感应电流产生的磁通方向与原磁通方向相反；若线圈中原来的磁通减少，则感应电流产生的磁通方向与原磁通方向一致。图 6-5 所示为楞次定律实验原理图，它显示了两种情况下线圈的感应电动势的方向。

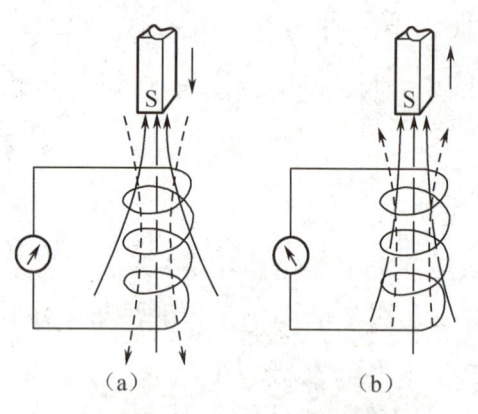

图 6-5 楞次定律实验原理图

在图 6-5（a）中，条形磁铁自上而下插入线圈，线圈磁通增加，根据楞次定律，感应电流产生的磁通要阻碍原磁通的变化，即磁感应电流产生的磁通方向应该自上而下，由右手螺旋定则可以确定感应电流自下而上流过检流计。在图 6-5（b）中，条形磁铁自下而上远离线圈，线圈磁通减少，根据楞次定律和右手螺旋定则可得，感应电流自上而下流过检流计。

3. 右手定则

做切割磁感线运动的导体产生的感应电动势（或感应电流）的方向可用右手定则来确定：平伸右手，拇指与四指垂直，让磁感线垂直穿过手心，拇指指向导体运动方向，四指所指方向就是感应电动势的方向（或感应电流的方向），如图 6-6 所示。

注意：判断感应电动势方向时要把导体看成一个电源，在导体内部，感应电动势方向由负极指向正极，感应电流方向与感应电动势方向相同。

[①] 右手螺旋定则：又称安培定则，用右手握住线圈，伸直的拇指指向线圈轴线上磁场的方向，弯曲的四指所指方向就是线圈中的电流方向。

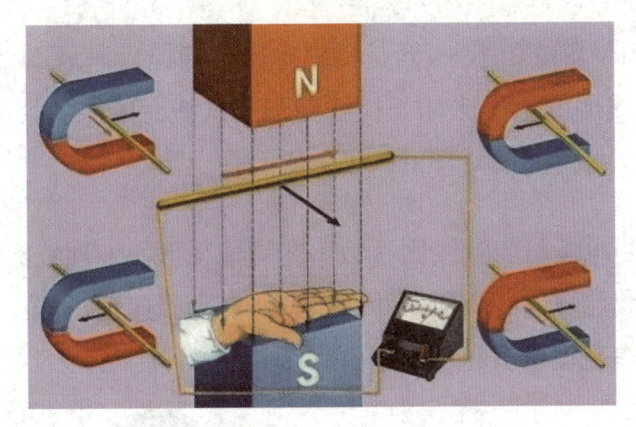

图 6-6　右手定则

4. 感应电动势的大小

实验证明，在均匀磁场中，做切割磁感线运动的直导体的感应电动势 e 的大小与磁感应强度 B、导体的有效长度 l、导体的运动速度 v，以及导体运动方向与磁感线方向间的夹角 α 的正弦值成正比，即

$$e = Blv\sin\alpha$$

（五）互感和自感

1. 互感

在法拉第最初发现电磁感应现象的实验中，两个线圈之间并没有导线相连，但当一个线圈中的电流变化时，它产生的变化的磁场会在另一个线圈中产生感应电动势，这种现象叫作互感，这种感应电动势叫作互感电动势。利用互感现象可以把能量从一个线圈传递到另一个线圈，变压器就是利用互感现象制成的。

变压器主要由铁芯和线圈（一次线圈、二次线圈）两大部分组成，其中铁芯由高导磁硅钢片组成，是变压器的磁路通道，线圈是变压器的电路通道，如图 6-7 所示。与电源相连的线圈叫作一次线圈，也叫作原线圈；与负载相连的线圈叫作二次线圈，也叫作副线圈。给一次线圈输入交流电后，一次线圈产生交变磁场，一次线圈、二次线圈均绕在铁芯或磁芯上，变化的磁感线穿过二次线圈，二次线圈两端产生感应电动势。

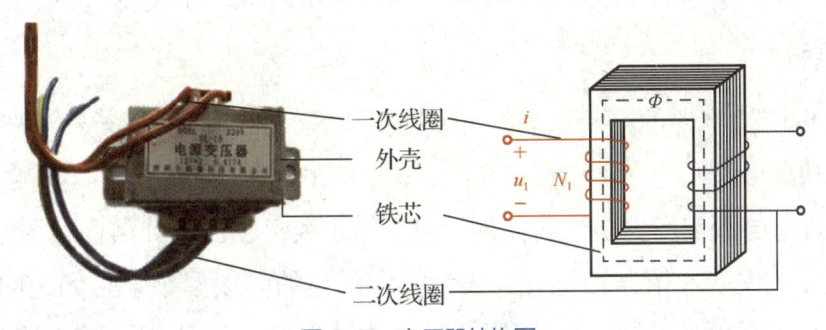

图 6-7　变压器结构图

根据电磁感应原理，当一个导电的物体处于变化的磁场中时，导体中能够产生感应电流。

单相变压器原理图如图 6-8 所示。变压器是根据电磁感应原理制成的，因此只能输入交流电。变压器一次线圈与二次线圈的电压比和一次线圈与二次线圈的匝数比有关，可用下式表示：

$$\frac{u_1}{u_2} = \frac{N_1}{N_2}$$

上式说明在一次线圈电压与二次线圈匝数不变的情况下，一次线圈匝数越多，二次线圈电压越高。若二次线圈匝数比一次线圈匝数少，则变压器为降压变压器；相反，若二次线圈匝数比一次线圈匝数多，则变压器为升压变压器。

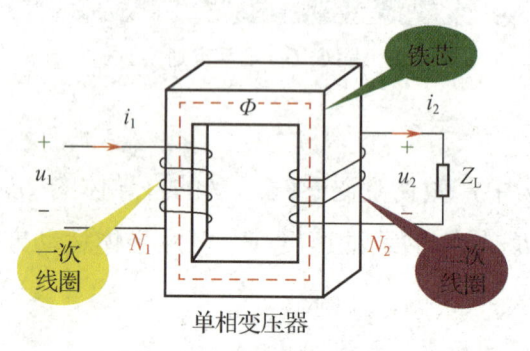

图 6-8 单相变压器原理图

2. 自感

当一个线圈中的电流变化时，其产生的磁场在线圈中会激发出感应电动势，这种现象叫作自感。因自感而产生的感应电动势叫作自感电动势。自感电动势的大小与穿过线圈的磁通变化的快慢有关，线圈的磁场是由变化的电流产生的，所以穿过线圈的磁通变化的快慢与电流变化的快慢有关。对同一线圈来说，电流变化得快，其产生的自感电动势就大；反之，电流变化得慢，其产生的自感电动势就小。对不同的线圈来说，在电流变化快慢相同的情况下，产生的自感电动势是不同的，电磁学中用自感系数来表示这种特征。自感系数简称自感，用符号 L 表示，单位是亨利（H）。

在自感系数很大且电流很强的电路中，在切断电路的瞬间会产生很大的自感电动势，以致开关的闸门和固定夹片之间的空气被电离，形成电流，进而产生电弧，这会烧坏开关，甚至危及人员安全。因此，切断这种电路必须使用特制的开关。

（六）电磁铁

电磁铁是通电产生电磁的一种装置。电磁铁可以分为线圈、铁芯及衔铁三部分。在铁芯的外部缠绕与其功率相匹配的导电线圈，这种通有电流的线圈像磁铁一样具有磁性，也叫作电磁铁。电磁铁是通过通电流来产生磁场的器件，属于非永久性磁铁，其结构如图 6-9 所示。

当线圈通电后，铁芯和衔铁被磁化，成为极性相反的两块磁铁，它们之间产生电磁吸力。当电磁吸力大于弹簧的反作用力时，衔铁开始向铁芯运动。当线圈中的电流小于某一定值或中断供电时，电磁吸力小于弹簧的反作用力，衔铁返回原来的位置。电磁铁是利用载流铁芯线圈产生的电磁吸力来操纵机械装置，以完成预期动作的电磁器件，它将电能转换为机械能。

工业上利用电磁铁完成启动、制动、吸持等机械动作。自动控制系统中常通过用电磁铁附上触点等相应部件来制作成各种继电器、接触器、调整器、驱动器。

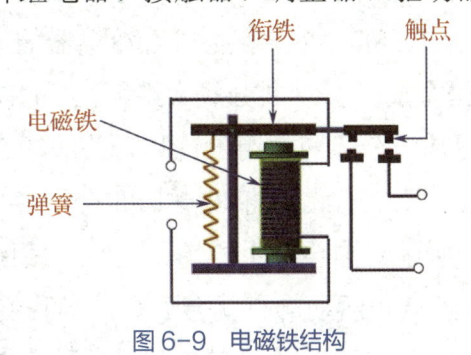

图6-9 电磁铁结构

二、继电器的工作原理与检测

（一）继电器的结构及工作原理

继电器是一种电子控制器件，具有控制系统（又称输入回路）和被控制系统（又称输出回路），通常应用于自动控制电路中。继电器具有隔离功能，被广泛应用于遥控、遥测、通信、自动控制、机电一体化及电力电子设备中，是最重要的控制器件之一，继电器实际上是一种用小电流去控制大电流的动作的自动开关。为什么不直接用开关来控制电路，而要用继电器来控制电路呢？因为对于电机这样的感性负载，在开关闭合和断开时会产生很强的感应电动势，开关接触的位置会产生电火花，频繁的闭合、断开操作很容易导致开关触点损坏。当然继电器的触点在接触和断开过程中也会产生电火花，同样会造成继电器的触点损坏，但是相对开关来说继电器便宜很多，因此一般让继电器去承受负载电路上的大电流，开关只起控制继电器的作用。

继电器有多种分类，新能源汽车上常用的继电器有电磁式和干簧管式两种。电磁式继电器成本较低，多用于控制电路。干簧管式继电器反应灵敏，多用于采集信号。新能源汽车中的控制电路大多采用电磁式继电器作为控制部件，采用干簧管式继电器作为传感器。

1）电磁式继电器的结构和工作原理

电磁式继电器的外形、结构和结构示意图如图6-10所示。

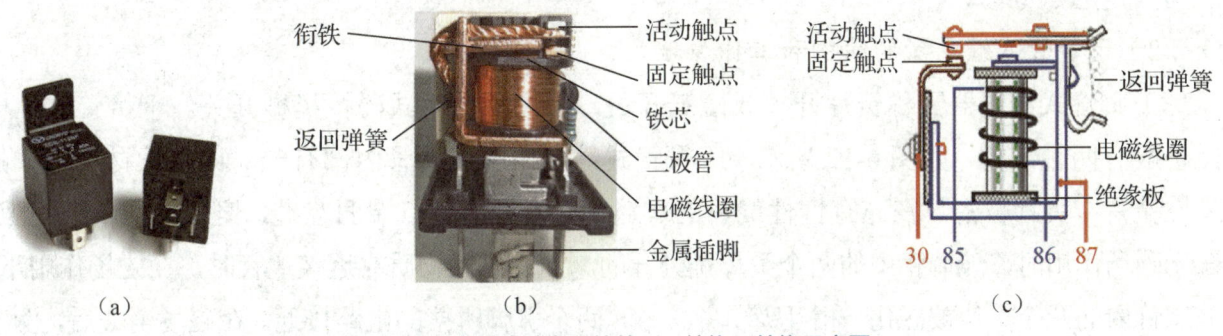

图6-10 电磁式继电器的外形、结构和结构示意图

电磁式继电器一般由铁芯、电磁线圈、返回弹簧、衔铁、触点等组成。

图 6-10（c）所示为电磁式继电器的结构示意图，这个继电器一共有四个金属插脚，这四个金属插脚的代号分别是 30、87、85、86。不是所有继电器的插脚都用这几个数字作代号，也有用 1、2、3、4 的。这四个金属插脚一共分成两组，30 和 87 是一组，在电路里起开关作用；85 和 86 是一组，连接的是一个线圈，用于控制开关的闭合和断开。具体如何控制呢？我们知道，通电的导体会产生磁场。当我们将 85 和 86 分别接电源正极和负极后，86 和 85 连接的线圈因为有电流通过，所以周围会产生磁场。此时，线圈就变成一个电磁铁，由于磁场的作用，30 和 87 间的固定触点和活动触点就会吸合，当我们断开 85 和 86 与电源的连接后，线圈的磁性就会消失，固定触点和活动触点在返回弹簧的作用下断开。简单地说，继电器的工作原理就是电磁感应，给线圈通电，线圈就会产生磁场，触点就会吸合，从而实现开关闭合。

在电路中表示继电器时只要画出它的线圈和与控制电路有关的触点组就可以了。继电器的线圈用一个方框表示，同时在方框内或方框旁标上继电器的文字符号"K"。新能源汽车中常用的电磁式继电器的外形及符号如图 6-11 所示。

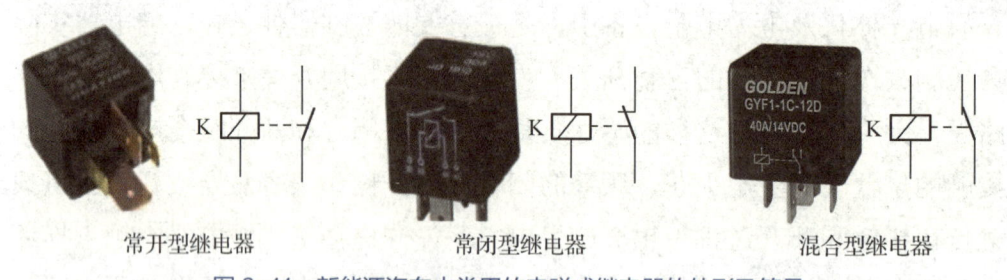

常开型继电器　　　　　常闭型继电器　　　　　混合型继电器

图 6-11　新能源汽车中常用的电磁式继电器的外形及符号

对于继电器的活动触点和固定触点，可以这样来区分：按下按钮后导通的触点为活动触点，按下按钮后断开的触点为固定触点。

只要在线圈两端加一定电压，线圈中就会流过一定的电流，从而产生电磁感应，衔铁就会在电磁力的作用下克服弹簧的拉力向铁芯移动，从而带动衔铁，使活动触点与固定触点吸合。当线圈断电后，电磁力消失，衔铁就会在弹簧的反作用力作用下恢复到原位置，活动触点与固定触点分离。

2）干簧管式继电器的结构和工作原理

干簧管式继电器又称簧片开关或磁簧开关，是一种气密式磁控机械开关。干簧管式继电器一般有两种结构，如图 6-12 所示。干簧管式继电器的玻璃管内部有一对由磁性材料制成的弹性簧片，簧片被密封在充有惰性气体的玻璃管中，簧片触点端面互叠，但留有一条细间隙。在无磁场作用时，玻璃管中的两个簧片是分开的。当有磁性物质靠近玻璃管时，在磁场作用下，玻璃管内的两个簧片被磁化，相互吸引并接触，两个引脚所接的电路接通。在磁场消失后，两个簧片由于本身的弹性而分开，两个引脚所接的电路断开。在实际运用中，常用永久磁铁控制这两个簧片接通与否，所以干簧管式继电器又被称为磁控开关。电磁式继电器具有体积大、动作慢、可靠性和寿命有限的缺点,而干簧管式继电器的体积小、速度快、可靠性高和寿命长的优点弥补了电磁式继电器的缺点,在很多方面满足了电子器件小型化、微型化发展的需要。

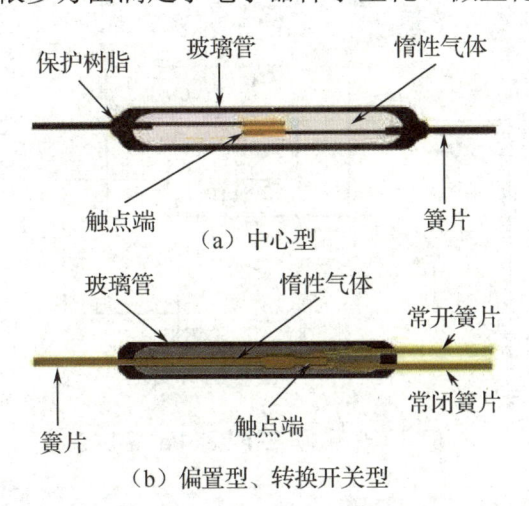

图6-12 干簧管式继电器的结构

随着电子技术的发展,除了电磁式继电器和干簧管式继电器,有些汽车电路还会用到一些结构和原理比较简单的双金属继电器。

3) 新能源汽车上应用的几种典型继电器

新能源汽车上的许多电气部件需要进行通断控制。汽车电气系统电压较低,具有一定功率的电气部件的工作电流较大,新能源汽车主电路电流有几百安,对于这么大的电流如果直接用开关或按键进行通断控制,开关或按键的触点将因无法承受大电流而烧毁。继电器是一种用小电流控制大电流的器件,继电器的触点可以做得很大,因此能够承受大电流的冲击。因此,新能源汽车电气系统中经常利用开关控制继电器触点的吸合与断开,利用继电器触点的吸合与断开控制电气部件的通断。新能源汽车上常用的继电器有启动继电器、喇叭继电器、闪光(转向)继电器、刮水继电器等。下面以汽车电动门控制电路和喇叭工作电路为例介绍继电器的应用。

如图6-13所示,锁门信号发出后继电器中的控制线圈通电变成一个电磁铁,吸引衔铁,活动触点吸合,门锁电动机锁门。

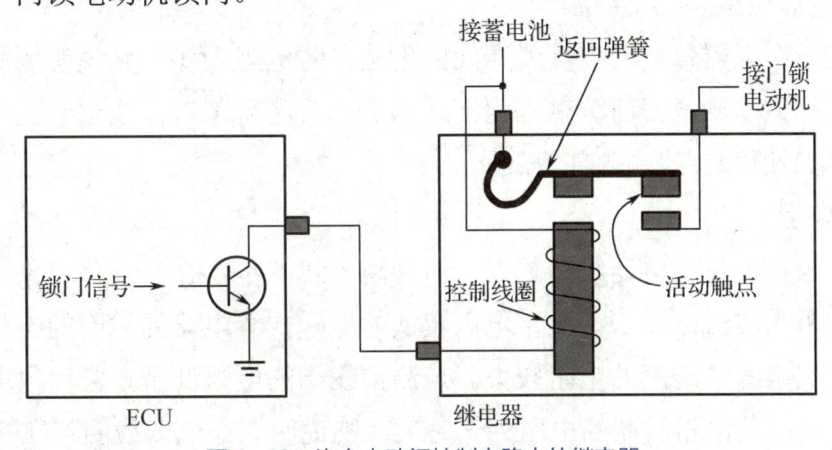

图6-13 汽车电动门控制电路中的继电器

如图 6-14 所示，按下喇叭开关，继电器中的线圈通电变成电磁铁，活动触点吸合，喇叭电路接通，喇叭发声。

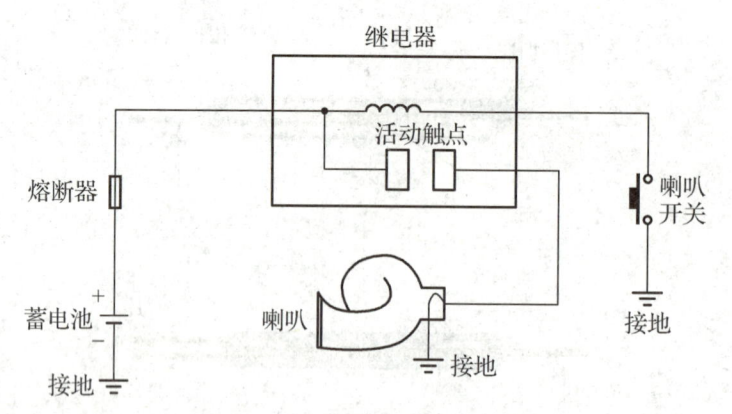

图 6-14　喇叭工作电路中的继电器

（二）搭建带继电器的灯光电路

按如图 6-15 所示电路搭建好电路，检验不通电时和通电时灯泡的状态。

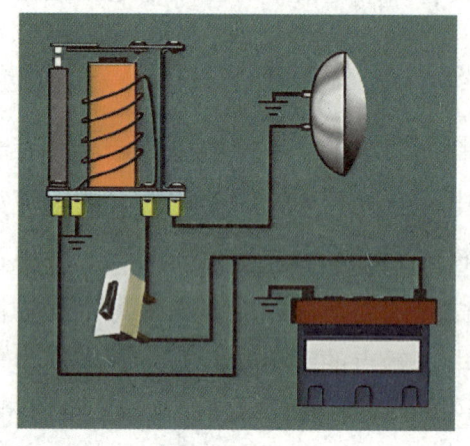

（a）不通电时 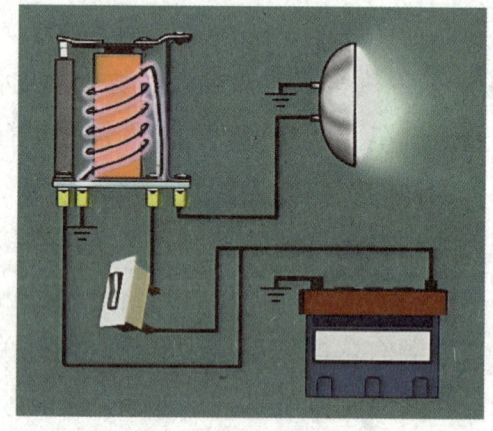　　　　　　　　　　（b）通电时

图 6-15　带继电器的灯光电路

（三）检测汽车用四线继电器

1. 检测各触点类型并找出线圈

用万用表测量继电器每对触点接线端间的电阻，若电阻为 0，则说明所测触点为固定触点；若电阻为无穷大，则说明所测触点为活动触点；若测得某对接线端间的电阻大于 0（至少为几欧），则说明所测接线端内部为线圈。

2. 测线圈电阻

用万用表电阻挡测量继电器线圈的阻值，判断该线圈是否存在开路现象。在正常状态下继电器线圈的电阻为 25Ω～2kΩ。额定电压较低的电磁式继电器的线圈的电阻较小；额定电压较高的电磁式继电器的线圈的电阻较大。若测得线圈的电阻低于正常值很多，则说明该继电器线圈存在短路；若测得线圈的电阻为无穷大，则说明该继电器线圈存在开路。

3. 测触点电阻

假如线圈电阻处于正常值,就对开关触点进行检测。对开关触点的检测分为通电和不通电两种情况,当 85 和 86 间的线圈不通电时,30 和 87 所接触点处于断开状态。用万用表的电阻挡测量 30 和 87 间的电阻时,应为无穷大。当 85 和 86 间的线圈通电时,30 和 87 所接触点会吸合,这时用万用表测量的 30 和 87 间的电阻应该小于 1Ω。

三、电磁阀的工作原理

新能源汽车中的混合动力汽车中仍存在发动机。燃油回收系统和点火系统在发动机处于各种工况时,在气缸内适时、准确、可靠地产生电火花,点燃可燃混合气,使发动机做功并收集油箱内蒸发的燃油蒸汽,将燃油蒸汽导入气缸进行燃烧,从而防止燃油蒸汽直接排入大气造成污染。

汽车上常见的电磁阀外形图如图 6-16 所示。电磁阀的工作原理比较简单,电磁阀内部有线圈,这个线圈在通电时可以产生磁场,从而实现阀门的关闭或开启。如果不想让电磁阀工作,直接断电即可。

图 6-16 汽车上常见的电磁阀外形图

(一)炭罐电磁阀

1. 燃油回收系统

(1)功能:收集油箱内蒸发的燃油蒸汽,并将燃油蒸汽导入气缸进行燃烧,从而防止燃油蒸汽直接排入大气造成污染。

(2)组成:油箱、活性炭罐、炭罐电磁阀等,如图 6-17 所示。

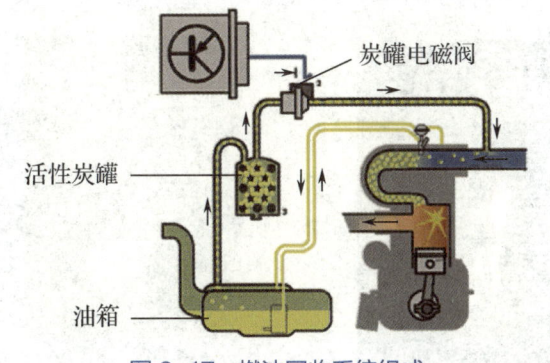

图 6-17 燃油回收系统组成

2. 炭罐电磁阀的结构和原理

（1）结构：炭罐电磁阀主要由弹簧、线圈、铁芯、接线盒、密封塞等组成，如图6-18所示。

（2）原理：发动机在工作时，ECU通过分析发动机转速、温度、空气流量等信号，控制炭罐电磁阀的开闭。

在发动机温度低于正常值、发动机停机或怠速运转时，在ECU的控制下，炭罐电磁阀中的线圈不通电，电磁阀控制的阀门处于关闭状态，此时汽油箱中的汽油蒸汽被活性炭罐吸收并临时贮存。

当发动机温度达到正常值，或者发动机中/高速运转时，在ECU的控制下，炭罐电磁阀中的线圈通电，电磁阀控制的阀门开启，贮存在活性炭罐内的汽油蒸汽经软管被导入发动机。

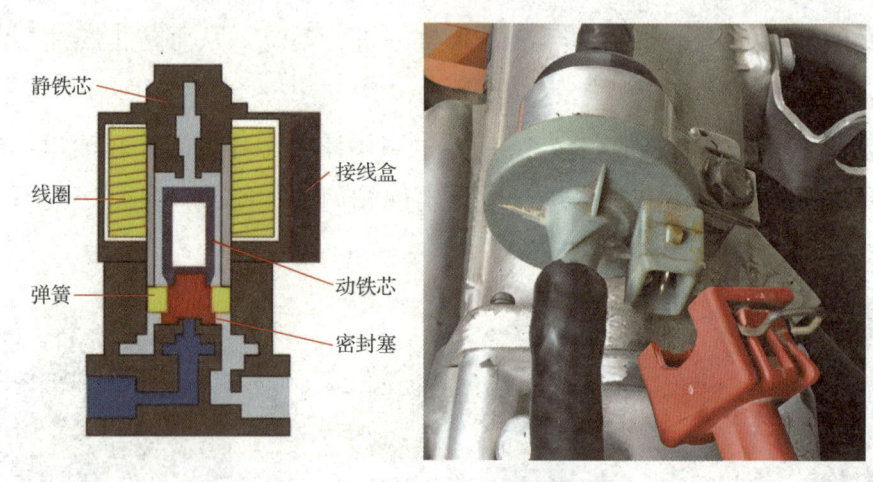

图6-18 炭罐电磁阀的结构和外观

3. 判断炭罐电磁阀的好坏

用万用表电阻挡检测炭罐电磁阀中的线圈的导通性：线圈导通就说明炭罐电磁阀是好的。不同车型的炭罐电磁阀的阻值不同，为十几欧到几十欧。

（二）喷油器的结构及工作原理

喷油器是执行喷油任务的最终器件，用于向发动机提供一定量的经过雾化的燃油，一般安装在进气歧管上（上方连接燃油管路，下方连接进气歧管），用于将燃油喷射在进气门前方。喷油器安装位置及外形图如图6-19所示。

图6-19 喷油器安装位置及外形图

1. 喷油器的分类

(1) 按照安装位置,喷油器可以分为单点喷射喷油器和多点喷射喷油器,如图 6-20 和图 6-21 所示。

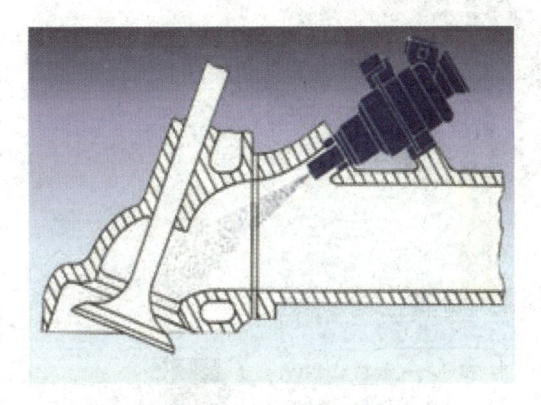

图 6-20 单点喷射喷油器

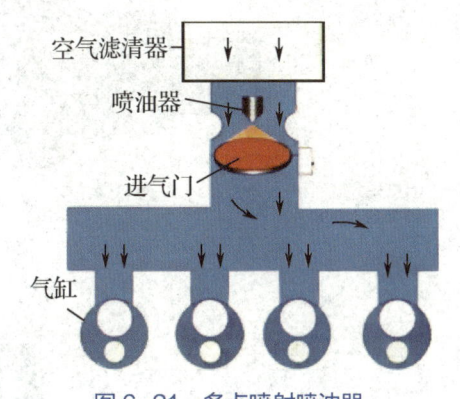

图 6-21 多点喷射喷油器

(2) 按照喷口形状,喷油器可以分为单喷口式喷油器和多喷口式喷油器,如图 6-22 和图 6-23 所示。

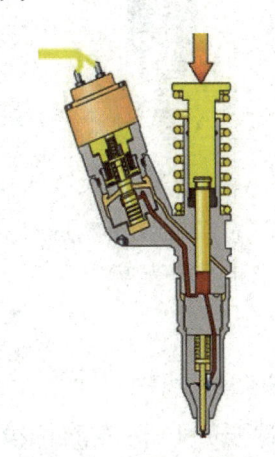

图 6-22 单喷口式喷油器

图 6-23 多喷口式喷油器

(3) 按照阻值大小,喷油器可以分为高阻值型喷油器和低阻值型喷油器。

2. 喷油器的结构

喷油器主要由喷油针阀、衔铁、返回弹簧、电接头、滤网、进油口、电磁线圈、壳体等组成,如图 6-24 所示。

3. 喷油器的工作过程和原理

喷油器从化油器的虹吸供油发展到机械喷射,又发展到现在的电喷供油。现在的电喷供油喷油器的本质就是一个电磁阀,通电后,喷油孔打开,开始喷油;断电后,喷油孔关闭,停止喷油。借助高速智能电子控制技术,喷油器实现了对喷油的精确控制。喷油器的工作原理示意图如图 6-25 所示。

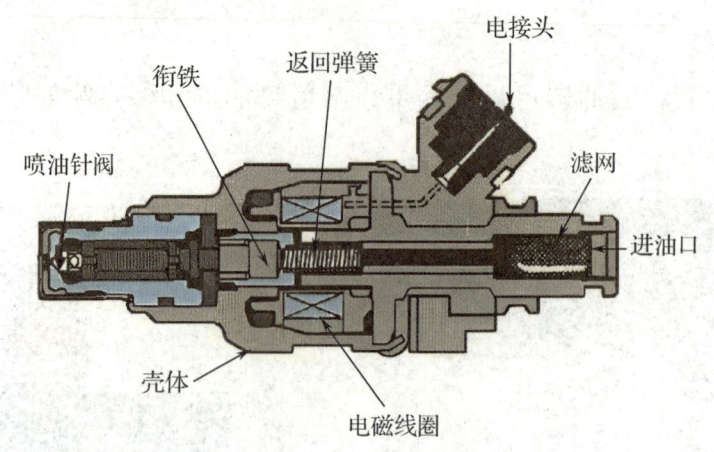

图 6-24 喷油器结构图

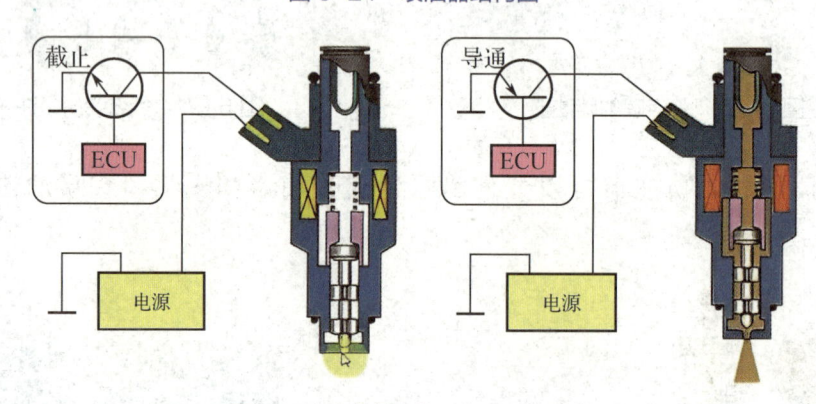

图 6-25 喷油器的工作原理示意图

（左图喷油器电磁线圈没有通电，衔铁在返回弹簧的作用力下与喷油针阀接触，喷油针阀关闭；右图喷油器电磁线圈通电，衔铁被吸引，克服返回弹簧的作用力，和喷油针阀分离，喷油针阀打开，开始喷油）

4. 喷油器的安装注意事项

① 在安装喷油器时，一定要用新的垫片和 O 形圈，垫片和 O 形圈绝对不能重复使用。

② 在装 O 形圈时要小心操作，确保 O 形圈没有损伤；同时要为 O 形圈涂抹少量润滑脂或燃油，绝不能使用机油、齿轮油等代替。

③ 将喷油器装到输油管上后，检查喷油器。喷油器应能平稳转动。

④ 安装完成后用扭力扳手按规定扭矩拧紧进油管的连接螺栓。

四、点火线圈的工作原理及检测

随着电子技术快速发展，发动机的点火系统从最初的传统式点火系统发展到了现在的独立式点火系统，二者产生高压电的原理相同。下面通过介绍传统式点火系统的工作原理来分析点火线圈产生高压电的原理。

（一）点火线圈的结构及工作原理

1. 点火线圈的结构

点火线圈由一次线圈、"-"接线柱、胶木盖、"+"接线柱、铁芯、二次线圈、外壳等组成，如图 6-26 所示。

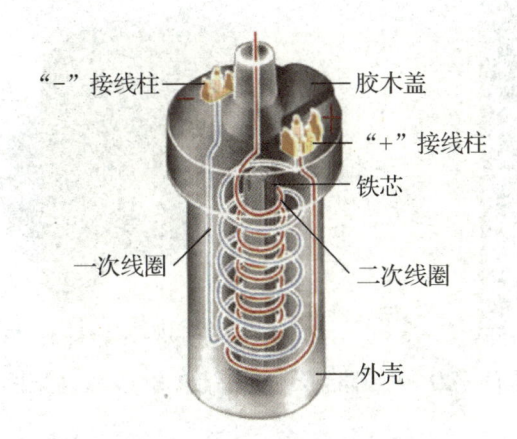

图 6-26 点火线圈的结构及外形

2. 点火线圈的工作原理

点火线圈之所以能将汽车上的低压电变成高压电，是因为它与普通变压器具有相同的形式——二次线圈的匝数比一次线圈多。但点火线圈的工作方式与普通变压器不一样，普通变压器的工作频率是固定的 50Hz（又称工频变压器），而点火线圈是以脉冲形式工作的，可以看成脉冲变压器，它根据发动机的转速以不同的频率反复进行储能及放能。

当将一次线圈电路接通时，随着电流的增大会产生一个很强的磁场，铁芯储存了磁场能；当将一次线圈电路断开时，一次线圈产生的磁场迅速减小，二次线圈会感应出很高的电压。一次线圈的磁场消失速度越快，电路断开瞬间一次线圈产生的电流越大；两个线圈的匝数比越大，二次线圈感应出的电压越高。

点火线圈是利用电磁感应原理来工作的，其工作原理图如图 6-27 所示。

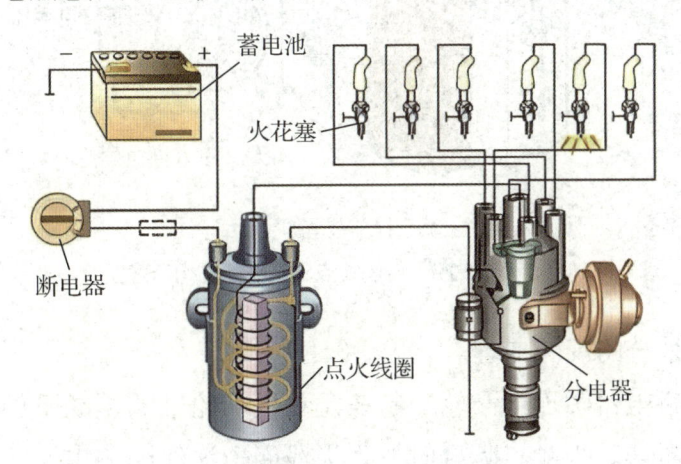

图 6-27 点火线圈的工作原理图

3. 点火线圈的种类

按磁路结构的不同，点火线圈分为两种——开磁路点火线圈和闭磁路点火线圈，其外形如图 6-28 所示。其中，开磁路点火线圈用于传统式点火系统，闭磁路点火线圈用于独立式点火系统。

(a) 开磁路点火线圈外形　　　　　　(b) 闭磁路点火线圈外形

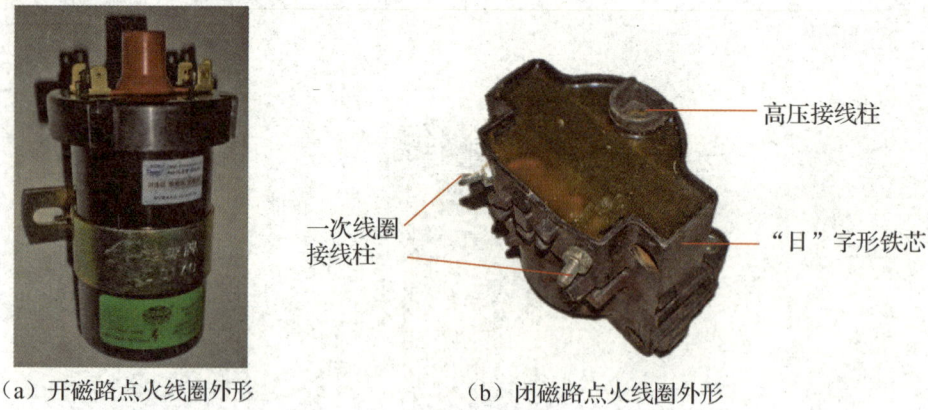

图 6-28　开磁路点火线圈和闭磁路点火线圈外形

1）传统式点火系统的组成和工作原理

（1）传统式点火系统的组成。

传统式点火系统主要由点火开关、高压线、配电器、火花塞、电容器、断电器、凸轮、离心提前装置、真空提前装置、点火线圈、附加电阻等部件组成，如图 6-29 所示。

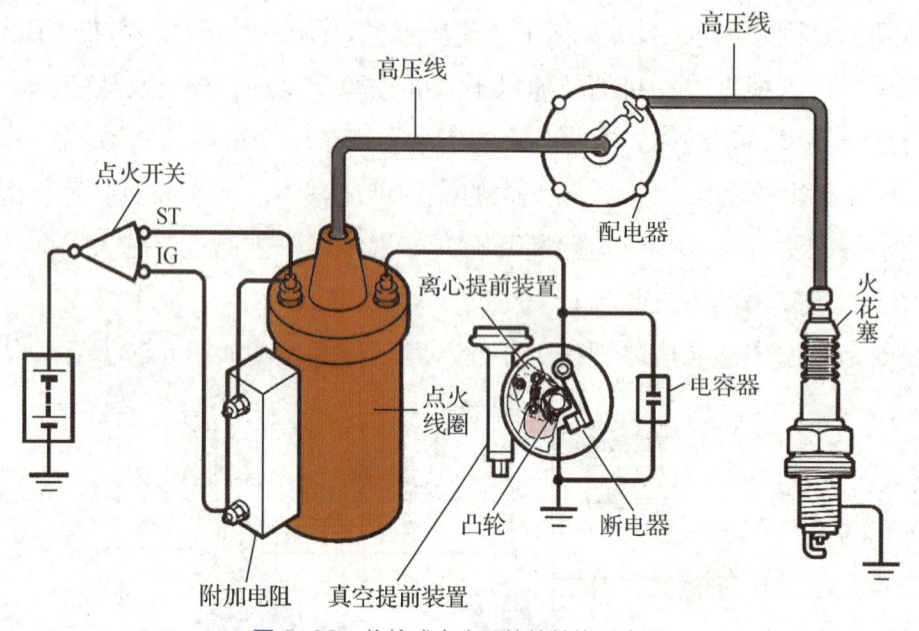

图 6-29　传统式点火系统的结构示意图

（2）传统式点火系统的工作原理。

发动机工作时，断电器轴连同凸轮一起在发动机凸轮轴的驱动下旋转。凸轮转动时，断电器触点交替吸合、断开。当触点吸合时，点火线圈一次线圈的电路接通；当触点断开时，点火线圈一次线圈的电路断开，点火线圈的二次线圈中产生很高的电压，火花塞间的空气被电离，产生火花，混合气被点燃。其中，点火线圈的作用是将电源提供的低压电转变为高压电。

2）独立式点火系统的组成和工作原理

（1）独立式点火系统的组成。

独立式点火系统主要由点火开关、高压线、配电器、火花塞、点火器、信号发生器、离心提前装置、真空提前装置、点火线圈等部件组成,有晶体管点火装置和集成电路点火装置两种形式,如图 6-30 所示。

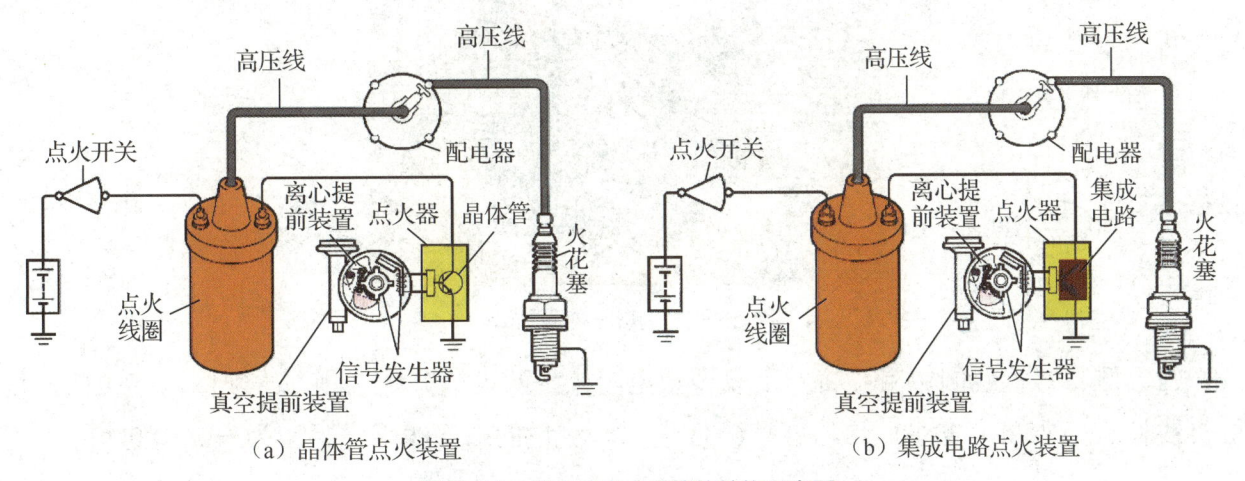

(a) 晶体管点火装置

(b) 集成电路点火装置

图 6-30 独立式点火系统的结构示意图

(2) 独立式点火系统的工作原理。

转动配电器使信号发生器(磁脉冲式曲轴位置传感器、霍尔式曲轴位置传感器等)产生脉冲电压信号。此脉冲电压信号经点火器进行放大、整形等处理后,控制点火线圈一次线圈电路的通断。当点火线圈一次线圈电路接通时,点火系统储存能量;当点火线圈一次线圈电路断开时,点火线圈二次线圈产生很高的电压,火花塞间的空气被电离,产生火花,混合气被点燃。

传统式点火系统和独立式点火系统的高压电都是由点火线圈产生的。

(二)点火线圈的检测

目前混合动力汽车上使用的点火线圈一般为闭磁路点火线圈,因此,我们以闭磁路点火线圈的检测为例来进行讲解。

1. 外观检查

仔细查看闭磁路点火线圈的外表、壳体及各接线柱,如图 6-31 所示。检查接线柱有无松动,外壳有无破裂等,若有应及时更换。

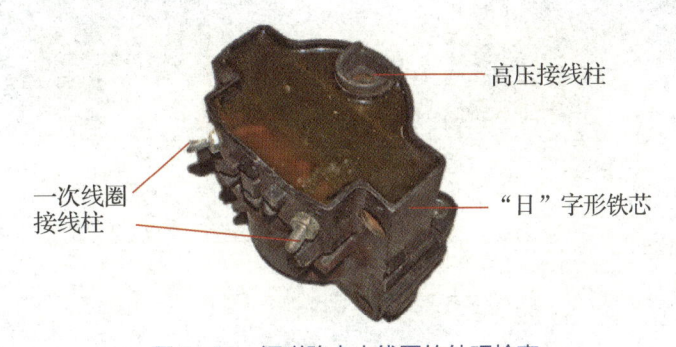

图 6-31 闭磁路点火线圈的外观检查

2. 电气检测

(1) 测量一次线圈电阻:将万用表调至电阻挡,两表笔分别接到一次线圈两接线柱(正

极接线柱、负极接线柱）上，如图 6-32 所示。测量的一次线圈电阻应为 0.4~2.0Ω。

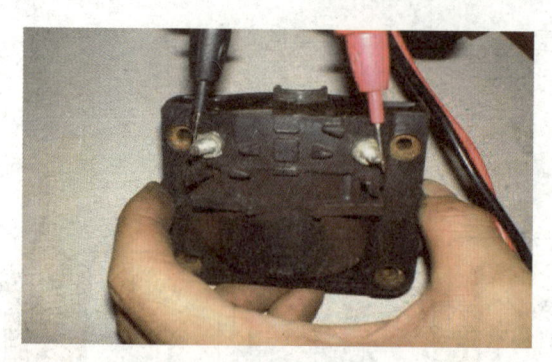

图 6-32 测量一次线圈电阻

（2）测量二次线圈电阻：将万用表调至电阻挡，两表笔分别接到二次线圈两接线柱（负极接线柱、高压端接线柱）上，如图 6-33 所示。测量的二次线圈电阻应为 6.0~9.0kΩ。

图 6-33 测量二次线圈电阻

（3）绝缘性检测：将万用表调至电阻 200kΩ 挡，测量点火线圈任意一端与外壳的电阻，如图 6-34 所示。测量的电阻应为无穷大，否则，说明存在搭铁故障。

图 6-34 绝缘性检测

任务实施

一、任务准备

电磁器件在新能源汽车上的应用非常广泛，如继电器、电磁阀等。实际上，四线继电器

新能源汽车常用电磁器件原理分析与检测 **项目六**

应用得最多，是必须掌握的基础内容，因此本项目中一个任务是搭建带继电器的灯光电路并检测汽车用四线继电器；另一个任务是汽车点火线圈的检测。两个任务都会用到万用表，进一步巩固万用表的用法。

教具学具准备：汽车用四线继电器 4 个、闭磁路点火线圈 4 个、万用表 4 个、蓄电池 4 个、导线若干、开关 4 个。

二、实践操作

（一）任务一：搭建带继电器的灯光电路并检测汽车用四线继电器

1. 实施作业前先填写本任务书空白内容（见表 6-1）

表 6-1 搭建带继电器的灯光电路并检测汽车用四线继电器任务书

序号	作业内容	操作内容	要点或注意事项
1	检测各触点类型并找出线圈	用万用表测量继电器每对触点接线端间的电阻，若电阻为 0，则说明所测的为固定触点；若电阻为无穷大，则说明所测的为活动触点；若测得某对接线端之间的电阻大于 0（至少为几欧），则说明所测接线端内部为线圈	
2	搭建带继电器的灯光电路	按上图用检测过的继电器搭建灯光电路	
3	测量汽车四线继电器线圈的电阻	用万用表电阻挡测量继电器线圈的阻值，判断该线圈是否存在开路现象。在正常状态下继电器线圈的电阻为 25Ω～2kΩ。额定电压较低的电磁式继电器的线圈的电阻较小；额定电压较高的电磁式继电器的线圈的电阻较大。若测得线圈的电阻低于正常值很多，则说明该继电器线圈存在短路；若测得线圈的电阻为无穷大，则说明该继电器线圈存在开路	
4	测量汽车四线继电器触点的电阻	不通电：当 85 和 86 间的线圈不通电时，30 和 87 两个插脚所接触点处于断开状态，用万用表的电阻挡测量 30 和 87 间的电阻，应为无穷大。 通电：当 85 和 86 间的线圈通电时，30 和 87 所接触点会吸合，用万用表测量的 30 和 87 间的电阻应该小于 1Ω	

113

2. 实施作业并填写作业单（见表6-2）

表6-2 搭建带继电器的灯光电路并检测汽车用四线继电器作业单

序号	作业内容	检查结果	备注（不正常的情况下注明）
1	检测各触点类型并找出线圈	□正　常 □不正常	
2	搭建带继电器的灯光电路	□正　常 □不正常	
3	测量汽车四线继电器线圈的电阻	□正　常 □不正常	
4	测量汽车四线继电器触点的电阻	□正　常 □不正常	

3. 完成作业后，请填写评价表（见表6-3）

表6-3 搭建带继电器的灯光电路并检测汽车用四线继电器评价表

项目	评价指标	自评	组内互评
工作任务	认识作业要求	□合　格 □不合格	□合　格 □不合格
	按要求完成作业	□合　格 □不合格	□合　格 □不合格
	作业单填写完整	□合　格 □不合格	□合　格 □不合格
职业素养	工作服整洁	□合　格 □不合格	□合　格 □不合格
	正确查阅维修资料和学习材料	□合　格 □不合格	□合　格 □不合格
	合作默契，交流顺畅	□合　格 □不合格	□合　格 □不合格
个人反思			
教师评价	教师签字： 日　　期：	成　绩 □合　格	 □不合格

（二）任务二：汽车点火线圈的检测

1. 实施作业前先填写本任务书空白内容（见表6-4）

表6-4 汽车点火线圈的检测任务书

序号	作业内容	操作内容	要点或注意事项
1	外观检查	仔细查看闭磁路点火线圈的外表、壳体及各接线柱，检查接线柱有无松动，外壳有无破裂等，若有应及时更换	
2	电气检测	（1）测量一次线圈电阻：将万用表调至电阻挡，两表笔分别接到一次线圈两接线柱（正极接线柱、负极接线柱）上，测量的一次线圈电阻应为 0.4～2.0Ω。 （2）测量二次线圈电阻：将万用表调至电阻挡，两表笔分别接到二次线圈两接线柱（负极接线柱、高压端接线柱）上，测量的二次线圈电阻应为 6.0～9.0kΩ	
3	绝缘性检测	将万用表调至电阻 200kΩ 挡，测量点火线圈任意一端与外壳间的电阻。测量的电阻应为无穷大，否则，说明存在搭铁故障	

2. 实施作业并填写作业单（见表6-5）

表6-5 汽车点火线圈的检测作业单

作业内容		检查或测量结果	判断是否正常	备注
外观检查 （外表、壳体、接线柱）				
电气 检测	一次线圈电阻			
	二次线圈电阻			
绝缘性检测 （点火线圈任意一端与外壳间的电阻）				

3. 完成作业后，请填写评价表（见表6-6）

表6-6 汽车点火线圈的检测评价表

项目	评价指标	自评	组内互评
工作任务	认识作业要求	□合　格 □不合格	□合　格 □不合格
	按要求完成作业	□合　格 □不合格	□合　格 □不合格
	作业单填写完整	□合　格 □不合格	□合　格 □不合格
职业素养	工作服整洁	□合　格 □不合格	□合　格 □不合格
	正确查阅维修资料和学习材料	□合　格 □不合格	□合　格 □不合格
	合作默契，交流顺畅	□合　格 □不合格	□合　格 □不合格

项目	评价指标	自评	组内互评
个人反思			
教师评价	教师签字： 日　期：	成　绩 □合　格	□不合格

续表

理论测试

一、填空题

1. 继电器是一种电子_____器件，具有控制系统和被控制系统，通常应用于自动控制电路。继电器实际是一种用小电流去控制大电流的_____。

2. 按下按钮后导通的触点为_____；按下按钮后断开的触点为_____。

3. 题图 6-1 中的继电器是_____（选填"常开"或"常闭"）型继电器。当继电器的线圈断电时，触点_____；当继电器的线圈通电时，触点_____（选填"分离"或"吸合"）。

4. 题图 6-2 中的继电器是_____（选填"常开"或"常闭"或"混合"）型继电器。当继电器的线圈断电时，触点 3 和____吸合；当继电器线圈通电时，触点 3 和____吸合。

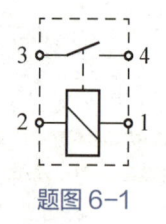

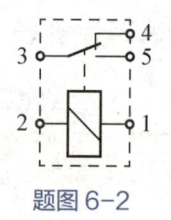

题图 6-1　　　题图 6-2

5. _____主要由油箱、活性炭罐、炭罐电磁阀等部件组成。

6. _____是执行喷油任务的最终器件，其向发动机提供一定量的经过雾化的燃油。

二、不定项选择题

1. 喷油器按照安装位置不同分为（　　）种。

A. 1　　　　　　　B. 2　　　　　　　C. 3　　　　　　　D. 4

2. 汽车点火线圈中，一次线圈用于（　　）。

A. 散热　　　　　　　　　　　　　B. 通电产生磁场

C．产生感应电动势   D．吸收漏磁通

3．汽车点火线圈中，二次线圈用于（　　）。

A．散热   B．通电产生磁场

C．产生感应电动势   D．吸收漏磁通

4．变压器具有（　　）等作用。

A．变压   B．变流

C．变换阻抗   D．隔离电路

三、判断题

（　）1．当线圈通电后，若触点被吸合，则为常开型继电器。

（　）2．电磁式继电器在电路中起控制作用。

（　）3．电磁式继电器是一种用小电流控制工频电路的自动开关。

（　）4．喷油器一般安装在汽车发动机的进气歧管上。

（　）5．由一个线圈中的电流变化（导致磁通发生变化）引起另一个线圈产生电磁感应的现象叫作互感。

（　）6．开磁路点火线圈是传统式点火系统使用的点火线圈。

（　）7．点火线圈是利用电磁感应原理来工作的。

（　）8．点火线圈的工作原理与变压器的工作原理完全一样。

（　）9．汽车点火线圈的一次线圈（低压侧）和二次线圈（高压侧）的电压是不同步的。

（　）10．点火线圈的一次线圈接低压电源，二次线圈为火花塞提供高压。

（　）11．汽车点火线圈是根据互感原理制成的。

四、简答题

炭罐电磁阀出现故障会对汽车的使用造成什么不好的影响？

拓展新知

重视自主知识产权的保护

在绿色经济的持续发展下，全球汽车工业迎来了全面的电动化转型，新能源汽车的发展进入了快车道。中国新能源汽车相关企业布局了一系列国际领先的专利，在这一领域，中国

正从知识产权消费国向知识产权生产国转变,中共中央办公厅和国务院办公厅联合印发了《强化知识产权保护的意见》,进一步加大了对知识产权行政和司法保护的力度;《中华人民共和国国民经济和社会发展第十四个五年规划和2035年远景目标纲要》和《知识产权强国建设纲要（2021—2035年）》聚焦高价值知识产权创造,为系统提升创新发展能力提供了更高水平的制度保障。

注重自主创新的比亚迪拥有一支强大的研发团队,不断推出具有自主知识产权的新技术和解决方案。据统计数据显示,在2003—2022年比亚迪累计申请专利超过1.3万项,在电动汽车行业中是最多的一家企业,申请专利数量是同一时期特斯拉申请专利数量的16倍。

项目七

新能源汽车半导体器件的应用

学习目标

素养目标
1. 培养学生通过互联网、书籍等渠道获取信息的能力。
2. 培养学生独立自学和与同学讨论合作的能力。
3. 了解中国芯,以及半导体前沿技术情况,增强学生的民族自豪感。
4. 培养学生严谨细致、精益求精的工匠精神。

知识目标
1. 掌握二极管和三极管的结构和电路符号。
2. 了解发电机的构造和原理,能对三相桥式整流电路的工作原理进行分析。
3. 了解逆变器的工作原理。

技能目标
1. 能对二极管进行检测并判断其好坏。
2. 能对三极管进行检测并判断其好坏。
3. 能对汽车发电机整流器进行检测。

情境描述

汽车维修店接到一名客户的电话，该客户反映其车辆无法上电启动。如果车辆刚好交给你来检修，你会怎么做？

一、接受任务

全班分组讨论可能引发故障的原因并进行故障检测。

二、任务分析

IGBT 模块在新能源汽车中发挥着至关重要的作用，是电动汽车及充电桩等设备的核心技术部件。IGBT 模块的成本约占新能源汽车总成本的 10%，约占充电桩成本的 20%。

IGBT 模块主要被应用于新能源汽车领域中以下几方面。在电动控制系统中 IGBT 模块用于实现大功率直流/交流（DC/AC）逆变；在车载空调控制系统中 IGBT 模块用于实现小功率直流/交流（DC/AC）逆变；在智能充电桩中 IGBT 模块被作为开关器件使用。要了解 IGBT 就得先了解半导体基础知识，二极管、三极管、场效应管分别是什么？有什么作用？在新能源汽车上有什么应用？半导体器件在新能源汽车上的应用非常广泛。新能源汽车的动力电池储存的是直流电，而交流电在新能源汽车上使用得比较广泛。来自动力电池的直流电经过电机控制器中的逆变器被转化成三相交流电供给新能源汽车上的电机，而新能源汽车上的电机既是驱动电机，也是发电机（在进行能量回收时）。发电机发出的交流电需要经整流器转化成直流电，并经电压调节器调节电压后才能输入动力电池和需要使用高压直流电的用电设备。整流器、电压调节器和逆变器都用到了大量半导体器件。

知识解析

一、二极管与发电机整流器

（一）半导体基础知识

自然界的物体根据其导电性能（电阻率）的不同可以划分为导体、绝缘体和半导体。

半导体是指常温下导电性能介于导体和绝缘体之间的材料。常用的半导体材料有硅、锗、砷化镓等。

第一代半导体材料是以硅、锗为代表的单质。

第二代半导体材料是以砷化镓、磷化铟为代表的化合物。

第三代半导体材料通常指禁带宽度大于或等于 2.3eV 的半导体材料，以碳化硅（SiC）、氮化镓（GaN）、氧化锌（ZnO）等为代表。

新能源汽车的车载充电装置在使用第三代半导体材料碳化硅制成的器件时，汽车充电 10min 行驶距离可达 400km。目前第三代碳化半导体被称为绿色半导体，它的节能性是普通硅半导体器件的 4 倍，可以使新能源汽车能耗降低 50%。

半导体的导电机理与其他物质不一样。当受到热和光作用时半导体的导电性能会有明显变化。

研究发现，在半导体中，通常有两种导电粒子，一种带负电，即自由电子；一种带正电，即空穴。它们都参与导电，所以统称为载流子。在外电场作用下，两种载流子都可以定向移动，形成电流。

不含杂质的半导体称为本征半导体。制造半导体器件的半导体材料的纯度要达到 99.9999999%，常称为"九个 9"。

本征半导体中各原子间靠得很近，原分属于各原子的四个价电子同时受到相邻原子的吸引，分别与周围的四个原子的价电子形成共价键。共价键中的价电子为这些原子所共有，并被它们束缚，在空间中形成排列有序的晶体，如图 7-1 所示。

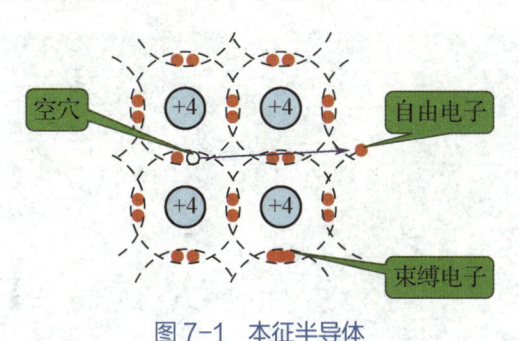

图 7-1 本征半导体

在本征半导体中掺入某些微量元素，可使半导体的导电性发生显著变化。掺入的杂质主要是三价或五价元素。掺入杂质的本征半导体称为杂质半导体。

在纯净的硅半导体中掺入少量五价元素（如磷、砷、锑等）。若掺入的是磷，如图 7-2（a）所示，磷原子将在晶体中占据硅原子的位置，其中将有四个价电子与硅的价电子（只有四个）形成共价键，多余的一个价电子在共价键之外，只需要有很小的激发能量它就可以成为自由电子，而磷原子被电离成为带正电的磷离子。在这种半导体中自由电子是多数载流子（多子），主要由杂质原子提供。硅晶体受热激发会产生少量的电子空穴对，所以空穴是少数载流子（少子）。因此，称之为 N 型半导体，又称为电子型半导体。

在纯净的硅半导体中掺入少量三价元素（如硼、铝、铟等）。若掺入的是硼，如图 7-2（b）所示，硼原子在与硅原子形成共价键时，将因缺少电子而出现空位，这些空位很容易吸引附近的共键电子，从而形成能够参与导电的空穴，而硼原子被电离为带负电的硼离子。由于这种半导体中的载流子主要是空穴，故称之为 P 型半导体，又称为空穴型半导体。能够提供空穴的杂质称为受主杂质。在 P 型半导体中，空穴（带正电荷）为多数载流子，电子（带负电荷）为少数载流子。

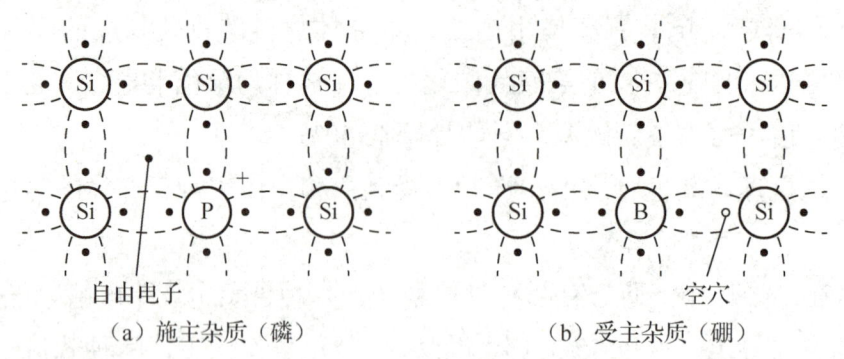

图 7-2 硅晶体结构示意图
（a）施主杂质（磷）　（b）受主杂质（硼）

经过特殊加工，可将 P 型半导体与 N 型半导体紧密结合在一起。此时，由于 P 型半导体和 N 型半导体中空穴和自由电子浓度不一样，因此在发生混合后，在浓度差的作用下，两边多数载流子相互扩散，P 区和 N 区交界处形成一个具有特殊导电性的薄层区域——空间电荷区，称为 PN 结，如图 7-3 所示。PN 结对 P 型半导体和 N 型半导体中的多数载流子的扩散运动产生了阻力。

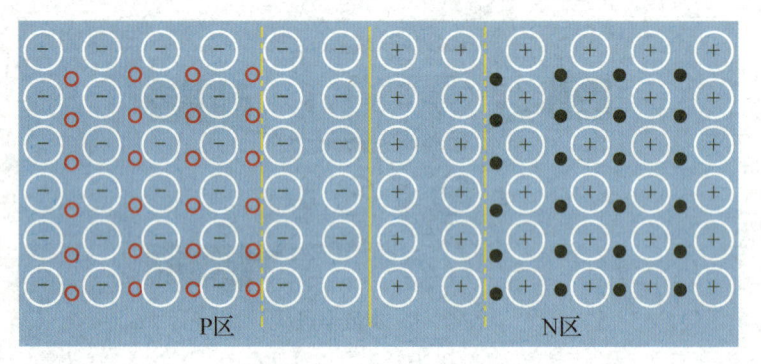

图 7-3 PN 结的形成

PN 结中形成了一个方向由 N 区指向 P 区的内电场。内电场对多数载流子的扩散起阻碍作用，但可以推动少数载流子（P 区自由电子和 N 区空穴）越过 PN 结进入对方区域，少数载流子在内电场作用下的这种有规则的运动称为漂移运动。漂移运动会使 PN 结变窄，内电场被削弱，这将引起多数载流子扩散并使内电场增强。在一定温度下，如果没有外电场的作用，扩散运动和漂移运动会达到动态平衡。这时，PN 结宽度基本稳定。由于 PN 结内载流子已经耗尽，故又称 PN 结为耗尽层。

在没有外电场作用时，PN 结处于动态平衡状态，载流子的扩散速度与漂移速度相同，宏观上无电流流过。

若在 PN 结外加正向电压，即电源正极接 P 区、负极接 N 区，则称之为正向接法或正向偏置（简称正偏）。正偏时，外电场与内电场方向相反，N 区的电子和 P 区的空穴都能顺利地通过 PN 结形成较大的扩散电流。漂移电流是由少数载流子运动形成的，少数载流子因数量很少，对总电流的影响可以忽略不计。因此，回路中的扩散电流远远超过漂移电流，形成较大的正向电流，其方向是从 P 区流向 N 区。此时，PN 结处于低阻状态，又称导通状态。正偏时，只要在 PN 结两端加一个很小的正向电压，即可得到较大的正向电流。为了防止回路中的电流过大，一般会接入一个限流电阻。

若在 PN 结外加反向电压，即电源正极接 N 区、负极接 P 区，则称之为反向接法或反向偏置（简称反偏）。反偏时，外电场与内电场方向相同，扩散难以进行，但有利于少数载流子的漂移，回路中会产生由少数载流子漂移形成的反向电流。因为少数载流子浓度很低，所以反向电流很小，其方向是从 N 区流向 P 区。此时，PN 结处于高阻状态，又称截止状态。

综上所述，PN 结在正偏时会通过较大的正向电流，电流的方向是从 P 区流向 N 区，PN 结的等效电阻很小，PN 结导通；PN 结在反偏时只会通过很小的反向电流，电流的方向是从 N 区流向 P 区，PN 结的等效电阻很大，可以认为 PN 结是截止的，即 PN 结具有单向导电性。

（二）二极管结构及电路符号

将一个 PN 结封装在管壳内并引出两个电极就构成了二极管。二极管又称晶体二极管，具有单向导电性，在电路中用字母 VD 表示（旧标准规定用 D 表示）。它只有两个电极，与 P 区相连的电极为正极（又称阳极）；与 N 区相连的电极为负极（又称阴极）。

常见二极管的外形如图 7-4 所示。二极管的结构和电路符号如图 7-5 所示。

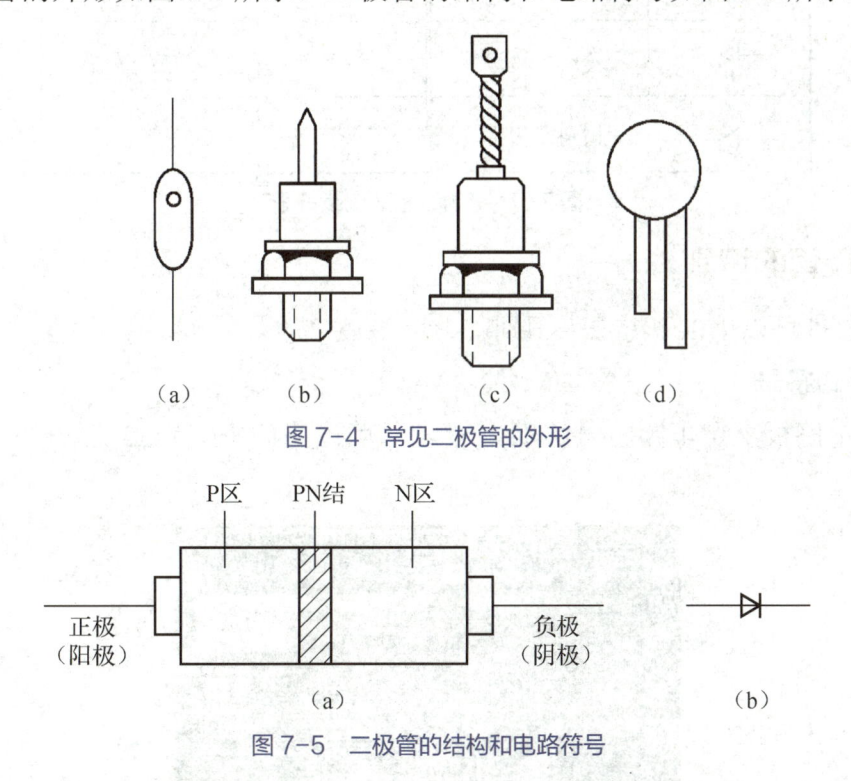

图 7-4 常见二极管的外形

图 7-5 二极管的结构和电路符号

按结构，二极管可分为点接触型二极管和面接触型二极管。点接触型二极管一般为锗管，如图 7-6（a）所示。点接触型二极管的 PN 结面积很小（结电容小，PN 结具有电容效应），因此不能通过较大电流，但其高频性能好，一般用于高频信号的检波和小电流的整流，也可用作脉冲数字电路的开关器件。面接触型二极管一般为硅管，如图 7-5（b）所示，它的 PN 结面积大（结电容大），可通过较大的电流（可达上千安培），但其工作频率较低，一般用于低频电路和大电流的整流电路中，也可以用在脉冲数字电路中作开关管。

（a）点接触型二极管　　　（b）面接触型二极管

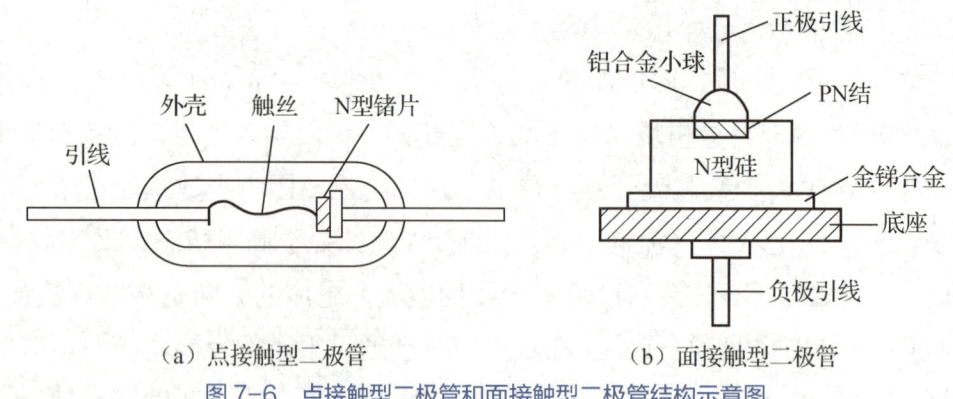

图 7-6　点接触型二极管和面接触型二极管结构示意图

各种二极管电路符号如图 7-7 所示。

符号	名称	符号	名称
	光电二极管		稳压二极管
	LED		双向击穿二极管
	温度效应二极管		双向二极管（交流开关二极管）
	变容二极管		体效应二极管
	隧道二极管		磁敏二极管

图 7-7　各种二极管电路符号

（三）二极管的识别

二极管的极性可以用以下方法来识别。

1. 根据电路符号

一般会在电路板上用电路符号标明二极管，可以据此来识别二极管的极性，如图 7-8 所示。

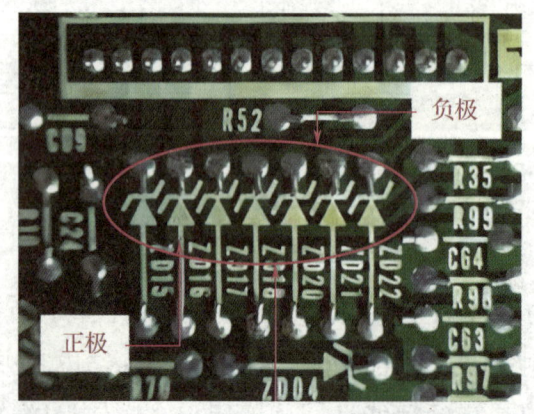

图 7-8　电路板上标注的二极管电路符号

2. 观察外壳上的标识

在一般情况下,二极管会有比较明显的标识。例如,整流二极管在黑色的外壳上用白色环来标注负极,如图7-9所示;封装在金属外壳中的光电二极管,金属壳下方有一个凸块,离凸块近的引脚为正极,另一个引脚为负极,如图7-10所示。

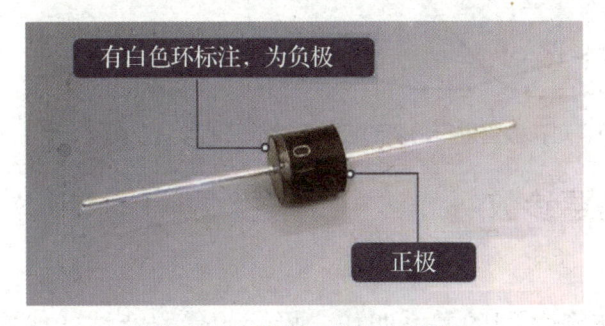

图7-9 普通二极管正、负极

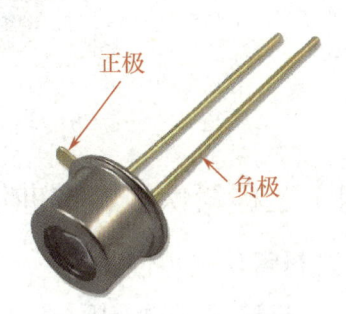

图7-10 光电二极管

LED 的长引脚为正极,短引脚为负极。如果两个引脚一样长,那么 LED 管体中面积小的为正极,面积大的为负极,如图7-11所示。

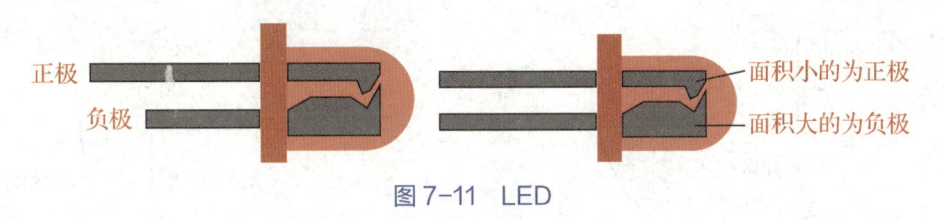

图7-11 LED

在一般情况下,大功率二极管中有螺纹的一端为负极,另一端为正极,如图7-12所示。

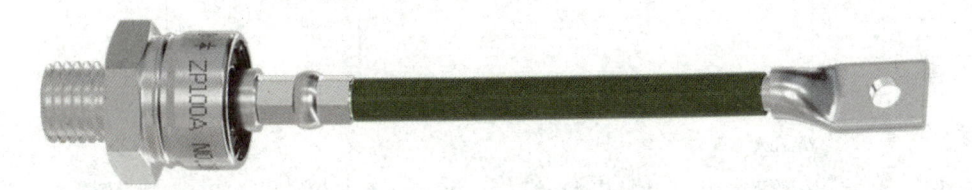

图7-12 大功率螺旋硅整流管

3. 万用表检测

根据二极管正向电阻小、反向电阻大的特点,可以利用万用表检测其单向导电性,识别其极性并判断其质量好坏,具体的接线方法如图7-13所示,先把两表笔分别搭到二极管的两个引脚上测量其管压降,互换两表笔的位置再次测量其管压降。若万用表一次显示数值、另一次不显示数值或显示1,则说明二极管是好的,显示数值那次,红表笔接的引脚是二极管的正极,黑表笔接的引脚是二极管的负极。若两次测得的数值均很小,则说明二极管内部短路。若两次测得的数值均很大或为1,则说明二极管内部断路。

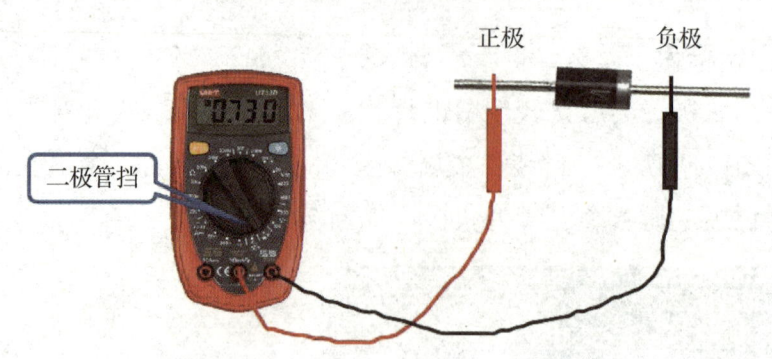

图 7-13 用万用表对二极管进行检测的接线方法

（四）二极管伏安特性曲线和主要参数

1. 二极管伏安特性曲线

加在二极管两端的电压与通过它的电流之间的关系叫作二极管的伏安特性。伏安特性曲线也称为电压-电流关系曲线，如图7-14所示。图7-14（a）所示为硅二极管（以2CP10型管为例）的伏安特性曲线，图7-14（b）所示为锗二极管（以2AP15型管为例）的伏安特性曲线。

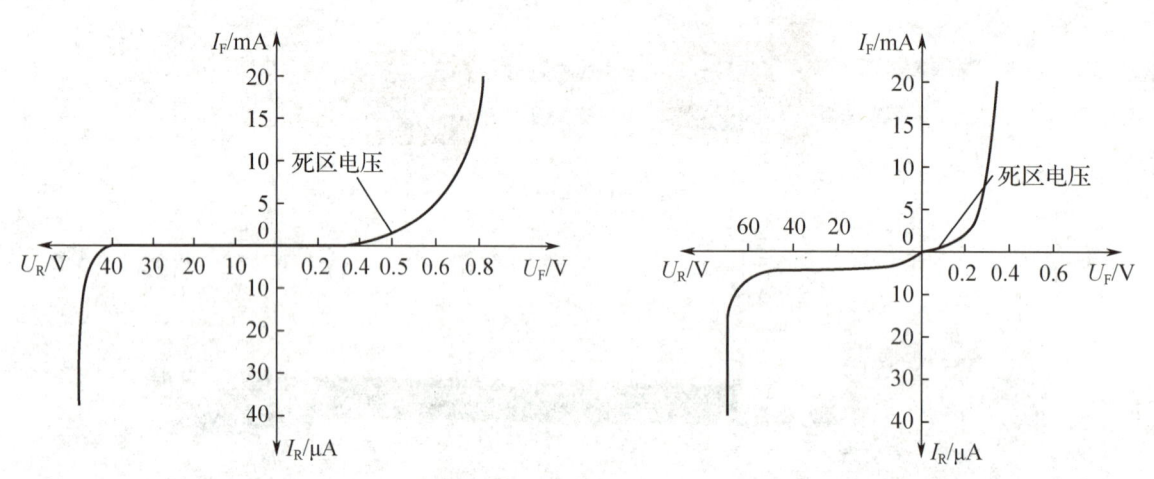

(a) 硅二极管（以2CP10型管为例）的伏安特性曲线　　(b) 锗二极管（以2AP15型管为例）的伏安特性曲线

I_F—正向电流；I_R—反向电流；U_F—正向电压；U_R—反向电压。

图 7-14 二极管的伏安特性曲线

二极管的性能常用伏安特性来表示，是非线性的，其主要特点如下。

1）正向特性

当二极管外加较小的正向电压时，正向电流几乎为零，可以认为二极管不导通。只有在外加正向电压达到一定值时，才有电流出现。这个电压称为二极管的死区电压。通常硅管的死区电压约为0.5V，锗管的死区电压约为0.1V。二极管存在死区电压的原因是当外加正向电压很小时，外电场不足以克服内电场的影响，正向电流几乎为零。

当正向电压大于死区电压时，PN结内电场被大大削弱，二极管导通。二极管正向导通后，外加电压稍有上升，电流就有很大增加。在正常使用的电流范围内，硅管导通时的正向压降为0.6~0.8V；锗管导通时的正向压降为0.2~0.4V。

2）反向特性

当外加反向电压不高时，少数载流子的漂移会形成很小的反向电流，二极管处于截止状态。当反向电压不超过一定范围时，反向电流的大小基本恒定；当反向电压超过一定数值时，反向电流急剧增大，这时二极管被反向击穿，对应的电压称为反向击穿电压。二极管被反向击穿后会失去单向导电性，不能再恢复原来的性能。因此，在使用二极管时，应避免外加反向电压超过反向击穿电压。

2. 二极管主要参数

二极管的特性除了用伏安特性曲线来表示，还可以用一些数据来说明。

1）最大整流电流

二极管最大整流电流是指二极管在长时间使用时允许流过的正向平均电流。当电流超过允许值时，二极管会因 PN 结过热而损坏。

2）最高反向工作电压

最高反向工作电压是保证二极管不被击穿的最高反向电压，一般为反向击穿电压的二分之一或三分之二。

3）最大反向工作电流

最大反向工作电流是指二极管不被击穿时流过的最大的反向电流，该值越小，二极管的单向导电性越好。因为温度增加，反向电流会急剧增加，所以在使用二极管时要注意温度的影响。

4）反向击穿电压

反向击穿电压是指二极管被击穿时承受的反向电压。二极管被击穿后，反向电流急剧增加，二极管的单向导电性被破坏。

通常半导体器件手册会给出不同型号二极管的参数，在使用二极管时，应特别注意不要超过最大整流电流和最高反向工作电压，否则二极管容易损坏。了解二极管参数有利于正确使用二极管。

3. 稳压二极管和 LED

根据应用场景的不同，可以选择不同类型的二极管，如稳压二极管、LED 等。不同类型的二极管的基本工作原理和构造是一样的，只是在电路中发挥的作用和性能不同。

1）稳压二极管

稳压二极管（简称稳压管）是一种特殊的硅二极管，基于 PN 结反向击穿特性，二极管在电路中与阻值合适的电阻配合能起稳压的作用。常用稳压二极管的外形如图 7-15 所示。

稳压二极管通常由一个特殊的面接触型二极管作为主构成，内部也有一个 PN 结，其正向特性与普通二极管一样，但反向特性有特殊性能。稳压二极管半导体材料掺入的杂质多，空间电荷区的电荷密度比较大，容易形成强电场，当接入的反向电压大于击穿电压时，反向电流急剧增加，但它两端的电压基本不变。

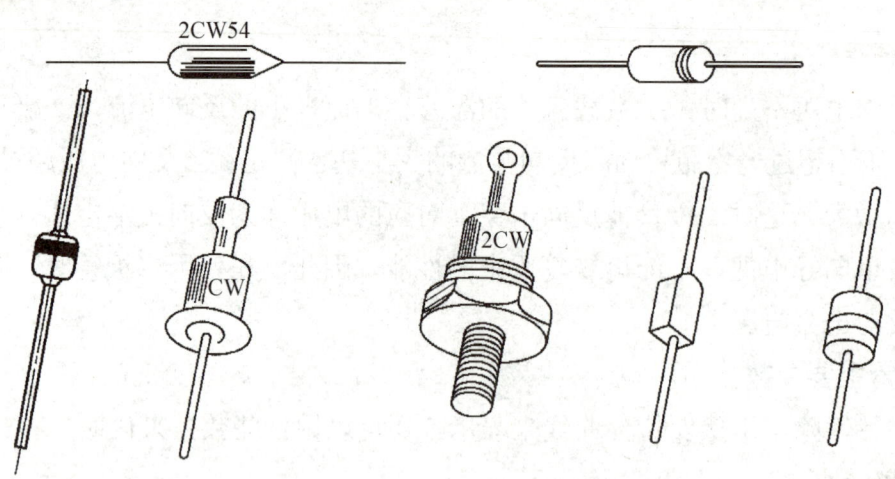

图 7-15 常用稳压二极管的外形

稳压二极管是利用反向击穿的伏安特性来实现稳压的。稳压二极管的伏安特性曲线和电路符号如图 7-16 所示，图 7-16（a）所示为伏安特性曲线，图 7-16（b）所示为电路符号。

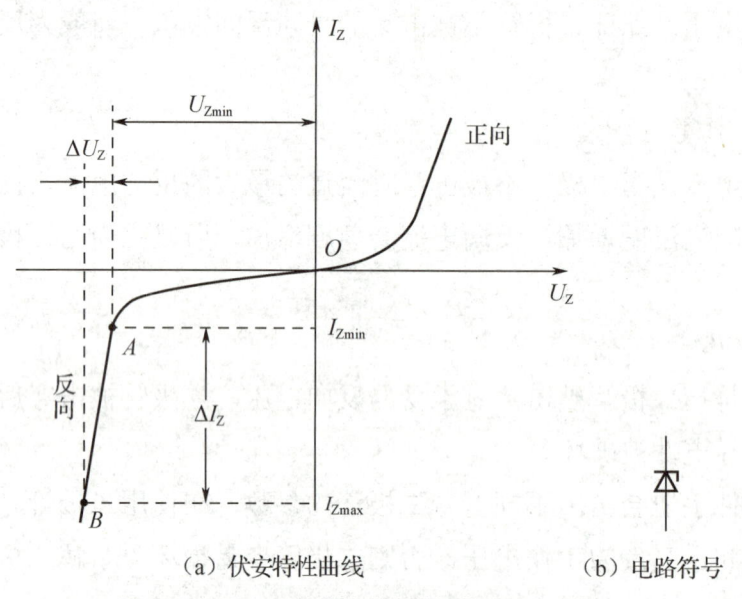

（a）伏安特性曲线　　　　（b）电路符号

图 7-16　稳压二极管的伏安特性曲线和电路符号

普通二极管反向击穿后不能恢复，而稳压二极管在反向击穿后，去掉反向电压，就能恢复正常。但当反向电流和功率损耗超过允许范围时，会造成热击穿，此时稳压二极管就损坏了。

2）LED

LED 的种类很多，根据其发光颜色，可分为红色 LED、黄色 LED、绿色 LED、紫色 LED、蓝色 LED 和白色 LED。其中，白色 LED 是新型产品，主要应用于手机背光灯、液晶显示器背光灯、照明等领域。常见的 LED 外形及电路符号如图 7-17 所示。有些 LED 先将管芯烧结在管座上，然后用透明环氧树脂封装；有些 LED 用带玻璃透镜的金属帽封装；还有一些大功率的 LED 采用特殊工艺封装，如 HG52 型大功率砷化镓红外 LED 采用的是球形管芯烧结在大型金属底座上的封装形式。

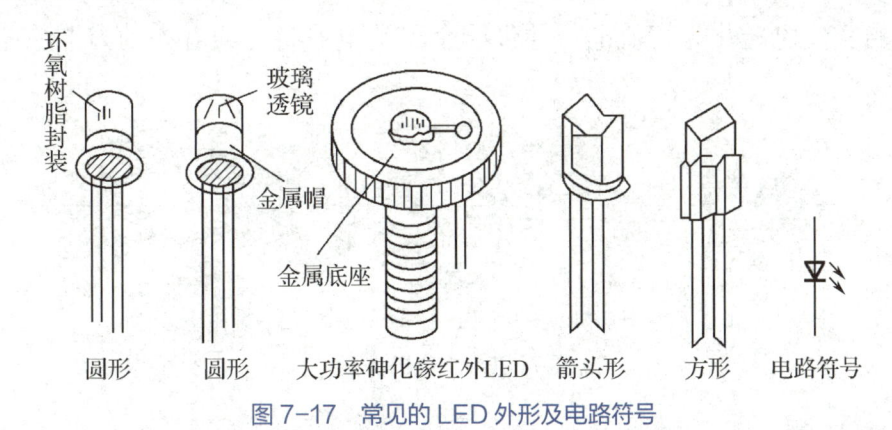

图 7-17 常见的 LED 外形及电路符号

LED 的发光颜色主要由制作 LED 的材料及掺入的杂质种类决定，与其封装结构无关。将 2 个发不同颜色光的 LED 封装在一起，可制成双色 LED（又称变色 LED）。这种 LED 通常有 3 个引脚，其中 1 个是公共端，可以发出 3 种颜色的光（其中 1 种颜色是 2 种颜色的混合色），常作为指示不同工作状态的器件。

LED 的管压降比普通二极管大。电源电压必须大于管压降，LED 才能工作。

用万用表测试 LED 时必须使用"R×10k"挡。因为 LED 的管压降通常大于 2V，而万用表"R×1k"挡及其以下各挡的表内电池仅是 1.5V 的，低于管压降，不可能使 LED 导通，无法进行检测。万用表"R×10k"挡的表内电池是 9V 或 15V 的，高于管压降，可以用来检测 LED。

（五）汽车发电机的构造原理

汽车发电机多由三相交流发电机和三相桥式全波整流器组成。三相交流发电机由整流器、定子、散热风扇、转子、电压调节器组成，如图 7-18 所示。定子由线圈绕制，安装在转子外面，与转子一起构成发电机的主要部分，如图 7-19 所示。

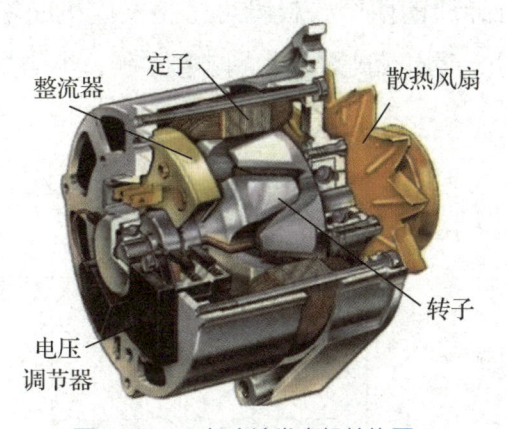

图 7-18 三相交流发电机结构图 　　图 7-19 发电机定子

转子由滑环、转子轴、爪极、转子铁芯、励磁线圈组成，如图 7-20 所示。当转子旋转时，转子绕组会依次交替接通或断开，从而在定子绕组中产生感应电动势，感应电动势的频率与

转子转速成正比。这个感应电动势产生的感应电流可以通过整流器整流。整流器的作用是将定子绕组产生的交流电转化为直流电，并供给全车用电设备，或者为动力电池充电。

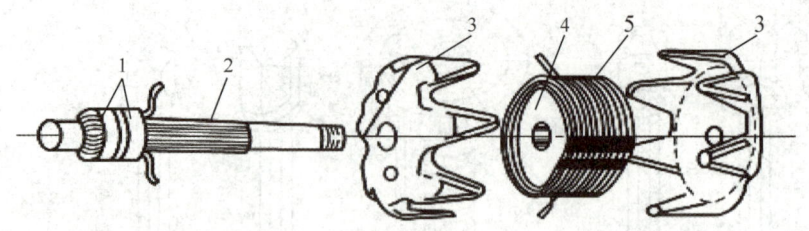

1—滑环；2—转子轴；3—爪极；4—转子铁芯；5—励磁绕组

图 7-20 发电机转子

汽车三相交流发电机的工作原理如图 7-21 所示。

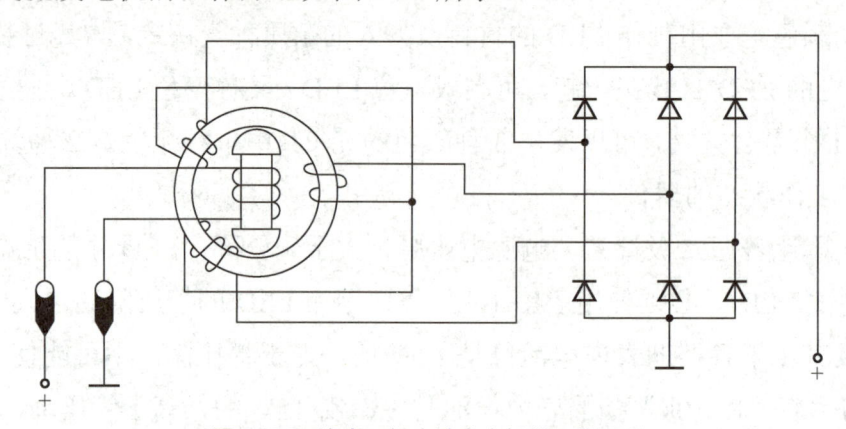

图 7-21 汽车三相交流发电机的工作原理

汽车三相交流发电机的整流器普遍采用三相桥式整流电路，如图 7-22 所示，三相桥式整流电路一般由 6～12 个硅二极管组成。我们以 6 个硅二极管组成的整流器为例进行介绍，其中 VD_2、VD_4、VD_6 3 个二极管组成共阳极组，VD_1、VD_3、VD_5 3 个二极管组成共阴极组。每个时刻都有 2 个二极管同时导通，其中一个在共阴极组，是阳极电位最高的二极管；另一个在共阳极组，是阴极电位最低的二极管。同时导通的两个二极管总是将发电机的输出电压加在负载两端，使负载两端得到一个比较平稳的脉动直流电压 $u_Φ$，该电压在一个周期内有 6 段波纹，如图 7-23 所示。

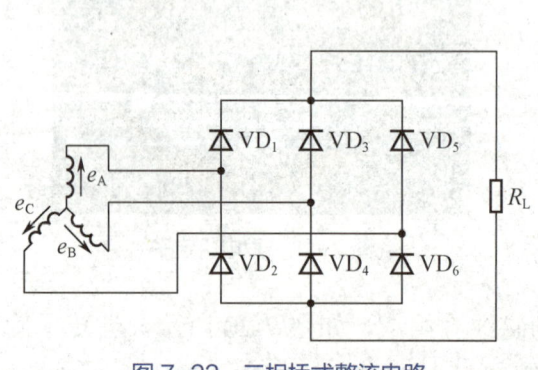

图 7-22 三相桥式整流电路

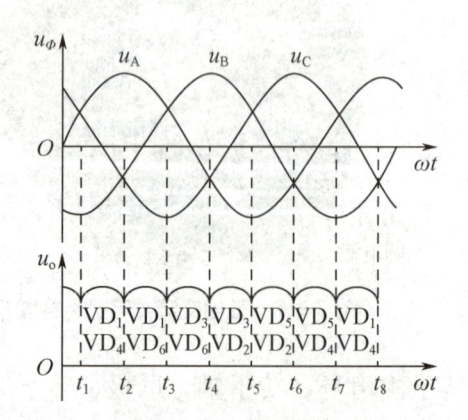

图 7-23 三相桥式整流电路输出电压波形图

(六)汽车发电机整流器的检测

汽车发电机整流器的二极管分为正极管和负极管。图7-24所示为汽车发电机整流器实物图,中心引线和外壳分别是正极管和负极管的两个电极。外壳为正极、中心引线为负极的二极管称为负极管;外壳为负极、中心引线为正极的二极管称为正极管。在负极搭铁的硅整流发电机中,3个正极管的外壳压装在散热板的三个座孔内,共同组成发电机的正极,由一个与发电机后端盖绝缘的整流板固定螺栓通至机壳外,作为发电机的相线接B线柱。3个负极管的外壳压装在后端盖的3个孔内,和发电机外壳一起成为发电机的负极。安装二极管的散热板称为整流板,为了便于散热通常用合金制成。现代汽车用交流发电机一般有两块整流板,安装正极管的整流板(装在外侧)称为正整流板,安装负极管的整流板(装在内侧)称为负整流板,两块板绝缘地安装在一起,与后端盖用尼龙或其他绝缘材料制成的垫片隔开,并固定在端盖上。

图7-24 汽车发电机整流器实物图

检测整流器主要检测二极管是否有断路或击穿现象。在测试时应将正整流板、负整流板分开,否则无法正确判断故障。拆开与发电机的连接线,用万用表的二极管挡分别测量正极管与负极管,每个二极管应分别测两次。若万用表一次显示数值、另一次不显示数值或显示1,则说明二极管是好的。若两次测得的数值均很小,则说明二极管内部短路。若两次测得的数值均很大或为1,则说明二极管内部断路。若两次测得的电压都较低,则表示二极管被击穿;若两次测得的电压都均很大(或为1),则表示二极管断路。

二、三极管与交流发电机的电压调节器

(一)三极管结构及电路符号

三极管的全称为半导体三极管,又称双极型晶体管、晶体三极管,是在一块半导体基片上制作两个距离很近的PN结,两个PN结把整块半导体分成三部分,中间部分是基区,两侧分别是发射区和集电区,各区引出一个电极,分别叫作基极(B极)、发射极(E极)和集电极(C极)。发射区和基区之间的PN结称为发射结,集电区和基区之间的PN结称为集电结。

三极管有 PNP 型和 NPN 型两种类型，其结构和电路符号如图 7-25 所示。

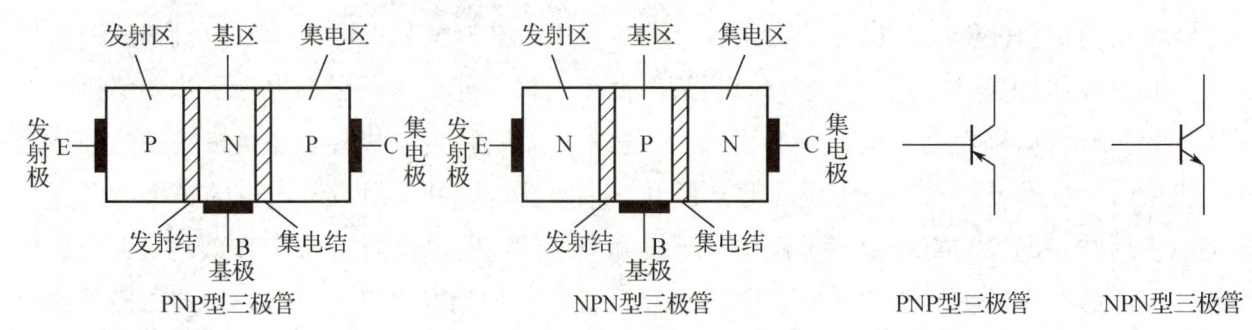

图 7-25 三极管的结构和电路符号

PNP 型三极管和 NPN 型三极管在符号上的区别仅仅是发射极箭头的方向不同，箭头方向代表集电极电流的方向。常见的三极管外形如图 7-26 所示。

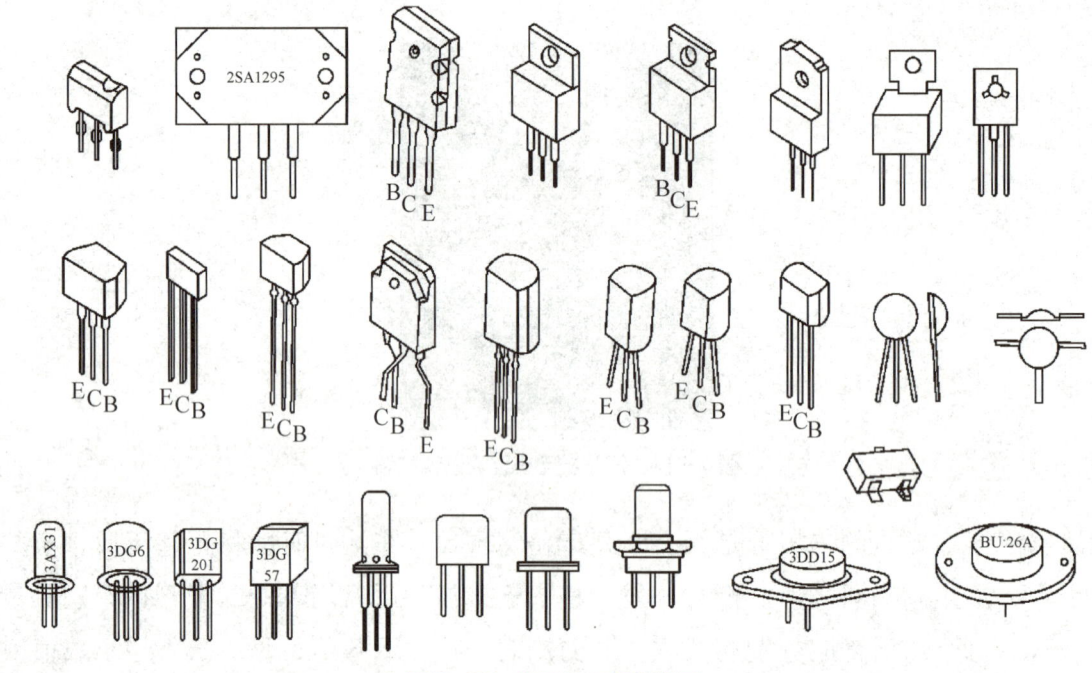

图 7-26 常见的三极管外形

（二）三极管特性曲线

三极管的工作状态与其两个 PN 结上的外加电压有很大关系。当这两个 PN 结外加电压的偏置情况不同时，三极管可能工作在放大状态、饱和状态、截止状态。

三极管的特性曲线包括输入特性曲线和输出特性曲线，反映了三极管各电极间电压和各电极间电流间的关系，是分析放大电路的重要依据，也是三极管特性的主要表达形式。

输入特性曲线是指三极管输入回路中当集电极与发射极间的电压 U_{CE} 保持某一恒定值时，加在三极管的基极与发射极间的电压 U_{BE} 与它产生的基极电流 I_B 间的关系曲线。输入特性曲线的测量电路如图 7-27 所示。输入特性曲线如图 7-28 所示。

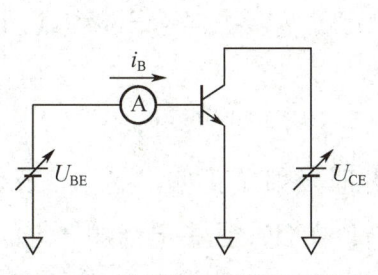

图 7-27 输入特性曲线的测量电路　　　图 7-28 输入特性曲线

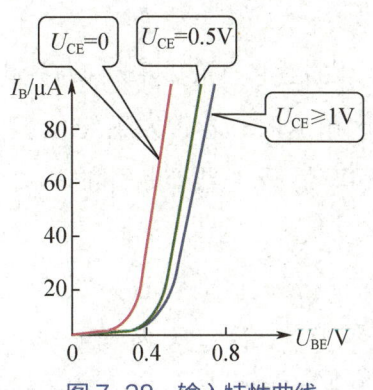

在输入回路中，发射极是一个正偏的 PN 结，因此输入特性曲线就与二极管的正向伏安特性曲线相似。不同的输出电压 U_{CE} 的输入特性曲线不同。

（1）$U_{CE}=0$，相当于集电极与发射极两端短接，这时三极管的发射结和集电结就是两个并联的正偏二极管，输入特性曲线的变化规律和二极管的正向伏安特性曲线一样。此时发射极和集电极均正偏，基极电流 I_B 是发射区和集电区分别向基区扩散的电子电流之和。

（2）$U_{CE}>0$，曲线形状基本不变，曲线位置随着 U_{CE} 的增大向右平移。

（3）$U_{CE} \geqslant 1V$，集电结已反偏，且内电场足够大，可以把从发射区注入基区的绝大多数电子吸引到集电区，从而形成集电极电流 I_C。即使 U_{CE} 继续增大，基极电流 I_B 的变化也很小。可以认为 $U_{CE} \geqslant 1V$ 后的输入特性曲线是重合的。当三极管工作在放大状态时，U_{CE} 总是大于 1V。

（4）当 U_{BE} 大于发射结死区电压时，三极管产生基极电流 I_B，开始导通。

在 U_{BE} 相同的条件下，基极电流 I_B 减小，输入特性曲线右移，三极管的输入特性曲线与二极管的正向伏安特性曲线相似，因为基极和发射极之间是正偏的 PN 结（放大状态下）。

当三极管导通后 U_{BE} 称为发射结正向电压或导通电压，硅管约为 0.7V，锗管约为 0.3V。

输出特性曲线描述的是，在一定的基极电流 I_B 的控制下，三极管的集电极与发射极之间的电压 U_{CE} 随集电极电流 I_C 变化的关系。输出特性曲线如图 7-29 所示。根据输出特性曲线，三极管的工作区域可以分为截止区、放大区和饱和区三种情况。

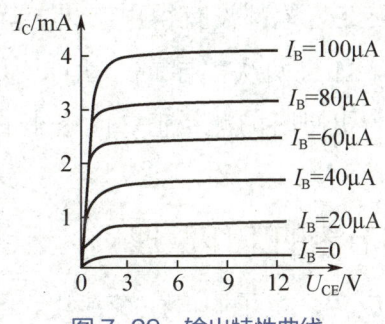

图 7-29 输出特性曲线

① 截止区。

一般把 $I_B=0$ 曲线以下的区域称为截止区。三极管工作在截止区时，$U_{BE}<0.7V$，$U_{BC}<0$，当 U_{BE} 小于死区电压时，若使发射结反偏，则集电极电流 I_C 接近零，三极管截止，此时 $I_B=0$，$I_C≈0$，集电极和发射极相当于断开的开关。

② 放大区。

三极管工作在放大区时，$U_{BE}<0.7V$，$U_{BC}<0$，此时发射结正偏，集电结反偏，集电极电流 I_C 与 U_{CE} 几乎无关。这是因为（对硅管而言）当 $U_{BE}>0.5V$，且集电结加一定的反向电压时，大部分发射区扩散到基区的电子被集电极收集，$I_C≈I_E$，基极电流 I_B 很小。基极电流 I_B 改变时，集电极电流 I_C 也随之改变，与 U_{CE} 的大小基本无关。三极管在放大区工作的特点是集电极电流 I_C 的大小受基极电流 I_B 控制，即 $\Delta I_C=\beta\Delta I_B$。放大区通常也称为线性区，三极管工作在放大区时具有很强的电流放大作用。

③ 饱和区。

曲线靠近纵轴的区域是饱和区。当 $U_{BE}>U_{CE}$ 时，集电结为正偏，不利于集电结收集从发射区到达基区的电子，在基极电流 I_B 相同时，集电极电流 I_C 比在放大区时小，即三极管失去放大作用。当 $U_{BE}=U_{CE}$ 时，$U_{CB}=0$，即集电结未加反向电压，这种状态称为临界饱和。$U_{BE}>U_C$ 时的状态称为深饱和。深饱和时 $U_{CB}≈0$，在电路中三极管的集电极与发射极之间犹如一个闭合的开关。由上述分析可知，三极管在饱和区工作的特点是发射结和集电结均为正偏，三极管失去电流放大作用。

（三）三极管的极性判别

三极管是含有两个 PN 结的半导体器件，根据两个 PN 结连接方式的不同，被分为 PNP 型和 NPN 型两种类型。假如我们并不知道被测三极管是 PNP 型还是 NPN 型，也分不清各引脚分别是什么电极，那么需要先判断哪个引脚是基极。

将万用表拨到二极管挡，将红表笔接到任意一个引脚上，用黑表笔依次连接剩余两个引脚，如果两次都导通，则说明红表笔接的是基极，该三极管为 NPN 型三极管。观察红表笔接两个引脚时的测量值，值略小的为集电极。如果两次都不导通，红表笔依次换接其余两个引脚，重复以上动作。如果三次转换红表笔都没有得出结果，就将黑表笔接到任意一个引脚上，用红表笔依次连接剩余两个引脚，如果两次都导通，就说明黑表笔接的是基极，该三极管为 PNP 型三极管。观察红表笔接两个引脚时的测量值，值略小的为集电极。如果两次都不导通，黑表笔依次换接其余两个引脚，重复以上动作。

（四）汽车发电机电压调节器的工作原理

发电机通电产生磁场，转子旋转，定子中产生交流电，整流器将三相交流电转化为直流电。当发电机转速变化时，要保持发电机电压稳定在某一定值不变，只能相应地改变发电机的磁通，而磁通的强弱取决于励磁电流的大小。电压调节器（见图 7-30）通过控制励磁电流的大小来调节发电机电压,从而保证交流发电机输出电压不受转子转速和用电设备变化的影响,使其保持稳定,防止发电机因电压过高而烧坏用电设备及蓄电池过量充电,同时防止发电机因电压过低而导致用电设备工作失常和蓄电池电量不足。当电压过高时,电压调节器对励磁绕组断电(利用三极管的特性),当电压过低时电压调节器为励磁绕组供电,使电压在一个很小的范围内波动,实现稳压。

图 7-30 汽车发电机电压调节器

交流发电机三相绕组产生的三相电动势为

$$E=Cn\Phi$$

式中,E 表示感应电动势;C 表示电机结构常数;n 表示转速;Φ 表示磁极磁通。

由此可见,交流发电机端电压的高低取决于转子的转速和磁极磁通,要保持输出电压稳定,在转速升高时,应相应减弱磁通(可以通过减小励磁电流来实现);当转速降低时,应相应增强磁通(可以通过增大励磁电流来实现)。也就是说,交流发电机电压调节器是通过动态调节励磁电流的大小来实现发电机输出电压的稳定的。

三、场效应管与逆变器

(一) MOS 管

场效应晶体管(Field Effect Transistor,FET),通常简称场效应管,是一种高输入阻抗的电压控制型半导体器件,在电路中的文字符号用字母"V"、"VF"或"VT"表示,旧标准规定用"FET"表示。场效应管分为结型场效应管和绝缘栅型场效应管两大类。结型场效应管因有两个 PN 结而得名。绝缘栅型场效应管在栅极和漏极之间引入了氧化物层作为绝缘层,栅极与其他电极完全绝缘。目前在绝缘栅型场效应管中,应用最为广泛的是 MOS 场效应管,简称 MOS 管(金属-氧化物-半导体场效应管)。场效应管的栅极对应于三极管的基极,源极和漏极分别对应于三极管的发射极和集电极。

MOS 管分为增强型(有 N 沟道、P 沟道之分)及耗尽型(有 N 沟道、P 沟道之分)。P 沟道 MOS 管的工作原理与 N 沟道 MOS 管完全相同,只是导电的载流子和供电电压极性不同,类似于三极管的 NPN 型和 PNP 型。下面以 N 沟道增强型 MOS 管为例来进行介绍。

N 沟道增强型 MOS 管的结构示意图和符号如图 7-31 所示。其中,D 为漏极,相当于三极管的集电极；G 为栅极，相当于三极管的基极；S 为源极，相当于三极管的发射极。

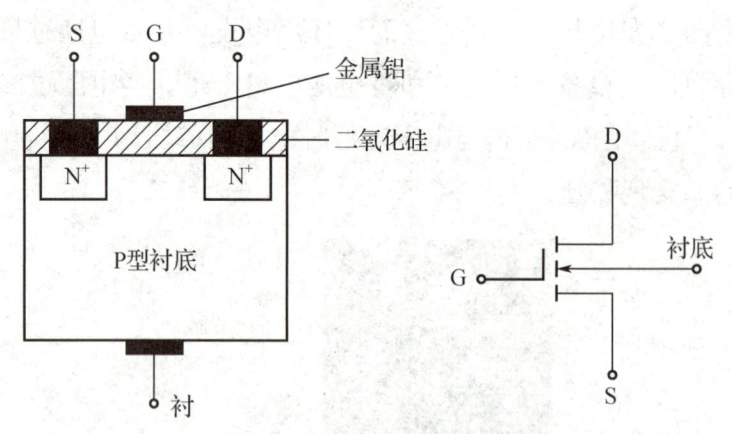

图 7-31　N 沟道增强型 MOS 管的结构示意图和符号

N 沟道增强型 MOS 管的形成过程：先用一块 P 型硅半导体材料作衬底，在其上面扩散两个 N 区，再在上面覆盖一层二氧化硅绝缘层，在 N 区上方通过腐蚀制作两个孔，用金属化的方法分别在绝缘层上及两个孔内制作三个电极——栅极、源极、漏极。从图 7-31 中可以看出栅极与漏极、源极间是绝缘的，栅极与源极之间有两个 PN 结，衬底与源极在内部连接在一起。P 沟道 MOS 管的结构与 N 沟道 MOS 管的结构正好相反。

根据导电方式不同，MOS 管分为增强型、耗尽型。增强型是指当 $U_{GS}=0$ 时 MOS 管呈截止状态，加上合适的 U_{GS} 后，多数载流子被吸引到栅极，增强了该区域的载流子，形成导电沟道。耗尽型是指当 $U_{GS}=0$ 时形成沟道，加上合适的 U_{GS} 后，多数载流子流出沟道，"耗尽"了载流子，MOS 管转向截止状态。

（二）MOS 管的工作原理

N 沟道增强型 MOS 管工作原理示意图如图 7-32 所示。

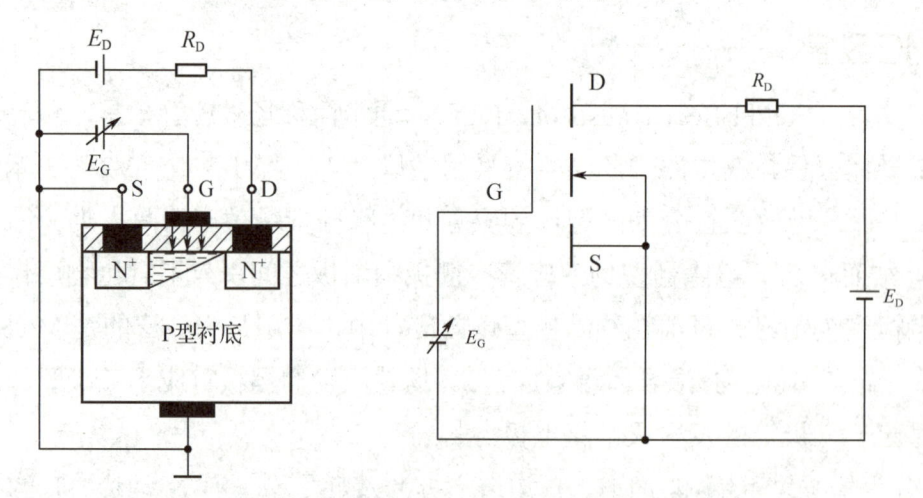

图 7-32　N 沟道增强型 MOS 管工作原理示意图

当 $U_{GS}=0$ 时，如果在漏极与源极之间加一个正向电压 U_{DS}，因为漏极和衬底之间的 PN 结反偏，所以源极与漏极之间不导通，$I_D=0$，MOS 管处于截止状态。

当 $U_{GS}=0$ 时，栅极、源极之间加正向电压 U_{GS}，由于 U_{GS} 产生了垂直于衬底表面的电场，P 型衬底内的空穴被排斥向衬底方向运动，电子被吸引到衬底的表面层。当 U_{GS} 较低时，吸引来的少量电子很容易与空穴复合形成负离子的 PN 结，结果源极和栅极间仍无电流。随着 U_{GS} 增加到某一数值，由于电场加强，感应电子大量增加，形成一个 N 型薄层，称为反型层，它把两个分离的 N 区连通，构成漏极、源极间的导电沟道。这时的 U_{GS} 称为开启电压。此后，若 U_{GS} 再增加，导电沟道加宽，沟道电阻减小。因此，通过控制 U_{GS} 的大小，可以控制沟道的宽度。

若在漏极、源极间加一正向电压（漏极接正极、源极接负极），则在漏极和源极间在横向电场的作用下有电流由漏极经导电沟道流向源极，该电流就是漏极电流 I_D，MOS 管处于导通状态。

由此可知，要使 N 沟道增强型 MOS 管工作，需要在栅极、源极之间加正向电压 U_{GS} 及在漏极、源极之间加正向电压 U_{DS}，即可产生电流 I_D。通过控制栅极、源极间电压 U_{GS}，可以控制电流 I_D。

（三）IGBT 的结构及工作原理

IGBT（Insulated Gate Bipolar Transistor，绝缘栅双极型晶体管）是由一个绝缘栅型场效应管和一个双极型三极管组成的复合全控型电压驱动式功率半导体器件，具有驱动功率小、饱和压降低的优点，适用于新能源汽车应用场景中的直流电压为 600V 及以上的变流系统，常用于交流电机、变频器、开关电源、牵引传动等领域。N 沟道增强型 IGBT 结构示意图和电路符号如图 7-33 所示。

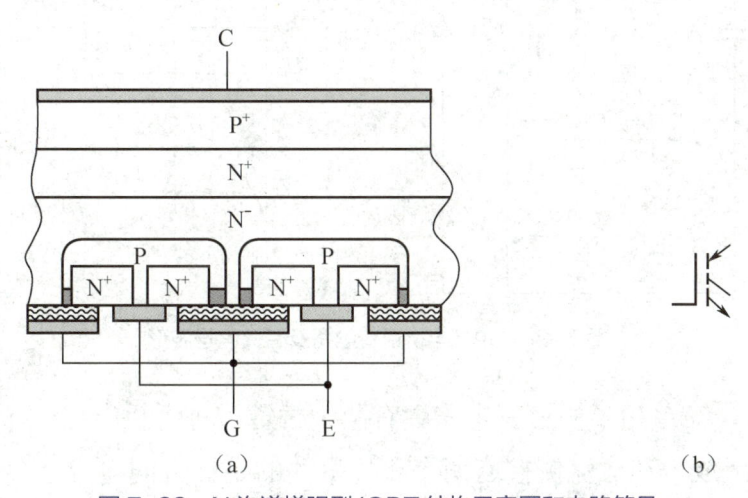

图 7-33 N 沟道增强型 IGBT 结构示意图和电路符号

在 N 沟道增强型 IGBT 结构中，N^+ 区称为源区，附于其上的电极称为源极（发射极 E），N 区称为漏区，器件的控制区为栅区，附于其上的电极称为栅极（门极 G），沟道在靠门极边界形成。门极和发射极之间的 P 区（沟道在该区域形成）称为亚沟道区（Subchannel Region）。漏极另一侧的 P^+ 区称为漏注入区（Drain Injector），是 IGBT 特有的功能区，与漏区和亚沟道区一起形成 PNP 型三极管，起发射极的作用，向漏区注入空穴，进行导电调制，以降低器件的通态电压。附于漏注入区上的电极称为漏极（集电极C）。对IGBT加正向门极电压形成沟道，给PNP（原来为NPN）型三极管提供基极电流，IGBT导通。反之，对IGBT加反向门极电压，沟道消除，基极电流切断，IGBT关断。IGBT的驱动方法和MOS管基本相同，只需要控制输入极N沟道MOS管，所以具有高输入阻抗特性。当MOS管的沟道形成后，从P^+区注入N区的空穴（少数或流子），对N区进行导电调制，N区的电阻减小，因此IGBT在高压时也具有低的通态电压。

（四）逆变器的构造及工作原理

逆变器是把直流电变成交流电的装置，逆变器里最重要的部分就是逆变电路。逆变电路的应用非常广泛。蓄电池、干电池、太阳能电池等都是直流电源，当需要这些电源向交流负载供电时，就需要用到逆变电路。纯电动汽车的电源是动力电池，要使驱动电机工作，就必须通过逆变电路将直流电转变成交流电。

1. 单相半桥逆变电路

单相半桥逆变电路及有关信号波形如图所示7-34所示。电路中两个电容的容量很大且相等，它们将U_d分成相等的两部分，电压为$\frac{U_d}{2}$，三极管VT_1、VT_2的基极加有一对相反的脉冲信号，VD_1、VD_2为续流二极管，R、L代表感性负载（电动机是典型的感性负载，其线圈对交流电呈感性，相当于电感L，线圈本身的直流电阻用R表示）。

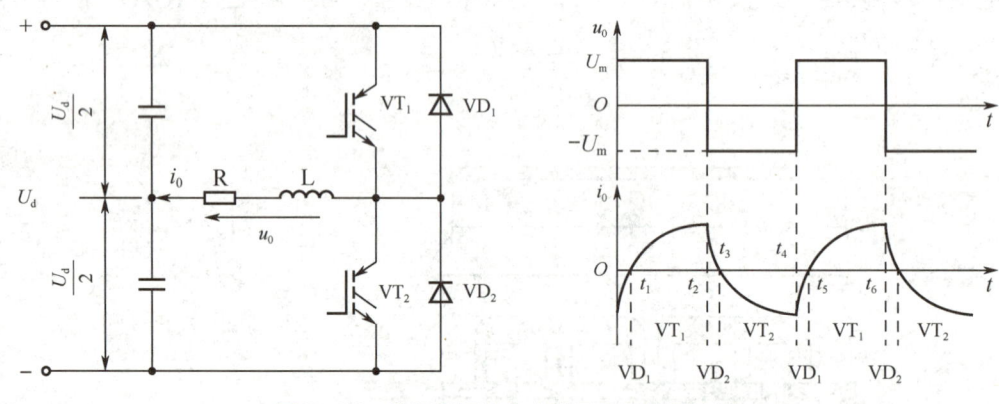

图7-34 单相半桥逆变电路及有关信号波形

如图7-34所示，在单相半桥逆变电路中有两个桥臂，每个桥臂由一个可控器件IGBT和一个反并联二极管组成。在直流侧接有两个相互串联的足够大的电容。负载连接在直流电源的中点和两个桥臂连接点之间。设VT_1和VT_2的栅极信号在一周期内半周正偏、半周反偏，二者互补。输出电压为矩形波，幅值为$U_m=\frac{U_d}{2}$。当VT_1或VT_2导通时，负载电流i_0和电压u_0同方向，直流侧向负载提供能量；当VD_1或VD_2导通时，负载电流i_0和电压u_0反向，负载电感中贮藏的能量向直流侧反馈，负载电感将其吸收的无功能量反馈回直流侧，反馈回的能量暂时储存在直流侧电容中，直流侧电容起缓冲这种无功能量的作用。VD_1、VD_2称为反馈二极管，同时起着使负载电流连续的作用，又称续流二极管。逆变过程如下。

在 0~t_1 期间，VT$_1$ 导通，VT$_2$ 关断。

在 t_1~t_2 期间，VT$_1$ 导通，VT$_2$ 关断，因为 L 的阻碍作用，流过 R、L 的电流 i_0 慢慢增大。

t_2 时刻给 VT$_1$ 关断信号，给 VT$_2$ 导通信号，则 VT$_1$ 关断，但感性负载不能立即改变方向，于是 VD$_2$ 导通续流。

在 t_2~t_3 期间，VT$_1$ 关断，流过 L 的电流突然变小，L 马上产生左正、右负的电动势，该电动势通过 VD$_2$ 形成电流回路，电流随 L 上电动势的下降而减小。电流方向仍是由右往左，VT$_2$ 无法导通。

t_3 时刻 i_0 降为零时，VD$_2$ 截止，VT$_2$ 导通，i_0 开始反向并逐渐增大。

在 t_3~t_4 期间，由于此时 L 上的左正、右负电动势已消失，VT$_2$ 开始导通，有电流流过 R、L，电流与 t_1~t_3 期间的电流方向相反，由于 L 的阻碍作用，所以该电流慢慢增大。

t_4 时刻给 VT$_2$ 关断信号，给 VT$_1$ 导通信号，VT$_2$ 关断，VD$_1$ 先导通续流，t_5 时刻 VT$_1$ 才导通。

在 t_4~t_5 期间，VT$_2$ 关断，流过 L 的电流突然变小，L 马上产生左负、右正的电动势，该电动势通过 VD$_1$ 形成电流回路，电流方向由左往右，但电流随 L 上电动势的下降而减小，由于 L 产生左负、右正的电动势，u_0 极性仍是左负、右正，VT$_1$ 仍无法导通。

单相半桥逆变电路特点是结构简单，使用的开关器件少，抗电路不平衡能力强，但负载两端得到的电压较低，只有直流电源电压的一半，而且直流侧需要串联两个电容来均压。单相半桥逆变电路常用于几千瓦以下的小功率逆变设备中。

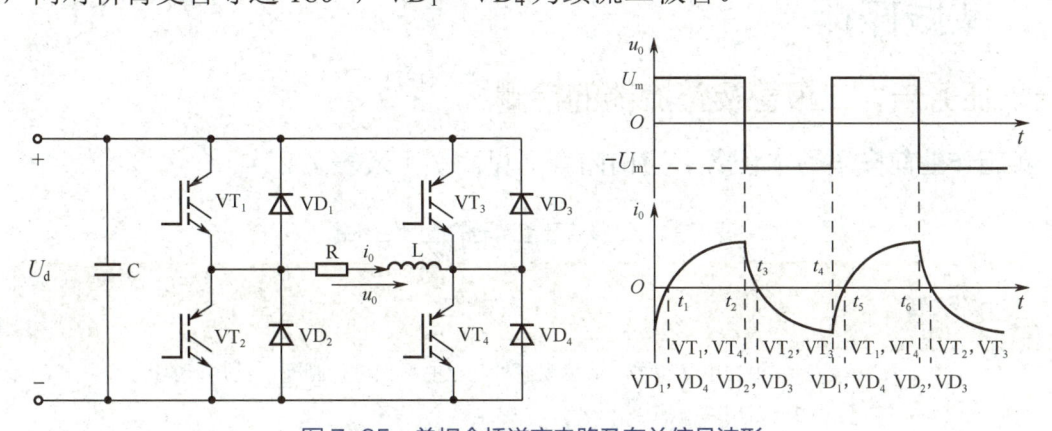

2. 单相全桥逆变电路

单相全桥逆变电路及有关信号波形如图 7-35 所示，单相全桥逆变电路由两个单相半桥电路组合而成，共 4 个桥臂，桥臂 1 和桥臂 4 为一对，桥臂 2 和桥臂 3 为另一对，成对桥臂同时导通，两对桥臂交替导通 180°，VD$_1$~VD$_4$ 为续流二极管。

图 7-35 单相全桥逆变电路及有关信号波形

单相全桥逆变电路输出电压的波形和单相半桥逆变电路输出电压的波形形状相同，也是矩形波，但幅值高出一倍，$U_m=U_d$。

在 t_1~t_2 期间，VT$_1$ 和 VT$_4$ 导通，VT$_2$ 和 VT$_3$ 关断，i_0 的方向为由左往右，R、L 两端的电压 u_0 大小与 u_d 相等，即 $u_0=u_d$。

t_2 时刻，给 VT_1 和 VT_4 关断信号，给 VT_2 和 VT_3 导通信号，则 VT_1 和 VT_4 关断，但感性负载中的 i_0 不能立即改变方向，于是 VD_2 和 VD_3 导通续流，电流方向为由左往右，R、L 两端的电压 u_0 的大小与 u_d 相等，方向相反，即 $u_0=-u_d$。

t_3 时刻，i_0 降为零时，VD_2 和 VD_3 截止，VT_2 和 VT_3 导通，i_0 开始反向，变成由右往左，R、L 两端的电压 u_0 大小与 u_d 相等，方向相反，即 $u_0=-u_d$。

t_4 时刻，给 VT_2 和 VT_3 关断信号，给 VT_1 和 VT_4 导通信号，同理，VT_2 和 VT_3 关断，感性负载中的 i_0 不能立即改变方向，于是 VD_1 和 VD_4 导通续流，电流方向为由右往左，R、L 两端的电压 u_0 的大小与 u_d 相等，方向相反，即 $u_0=-u_d$。

t_4 时刻以后，电路重复上述工作过程。

单相全桥逆变电路的特点为电压高、输出功率大，但使用的开关器件多，驱动较复杂，适用于大功率的逆变器。

任务实施

一、任务准备

半导体器件在汽车上的应用很广泛，二极管、三极管的好坏、极性和引脚的判断是必须掌握的基础内容，因此本项目有一个任务是二极管及整流器的检测；另一个任务是三极管及逆变器的检测。检测会用到万用表，要熟练掌握万用表的用法。

教具学具准备：各式二极管、三极管若干，整流器 4 个，万用表 4 个，导线若干。

二、实践操作

（一）任务一：二极管及整流器的检测

1. 实施作业前先填写本任务书空白内容（见表 7-1 及表 7-2）

表 7-1 二极管及整流器的检测任务书

序号	作业内容	操作内容	要点或注意事项
1	二极管的极性判别	（1）根据电路符号，或者观察外壳上的标识进行判断（见知识解析） （2）万用表检测 把两表笔分别搭在二极管的两个引脚上测量其管压降，互换两表笔的位置再次测量。若万用表一次显示数值、另一次不显示数值或为 1，则说明二极管是好的，显示数值那次，红表笔连接的引脚是二极管的正极，黑表笔连接的引脚是二极管的负极	

续表

序号	作业内容	操作内容	要点或注意事项
2	二极管的好坏判断	在测量时,若两次测得的数值均很小,则说明二极管内部短路;若两次测得的数值均很大或为1,则说明二极管内部断路	
3	整流器的检测	检测整流器主要检测二极管是否有断路或击穿现象。在测试时应将正整流板、负整流板分开,否则无法正确判断故障。拆开与发电机的连接线,用万用表的二极管挡分别测量正极管与负极管,每个二极管应分别进行两次测量。若万用表一次显示数值、另一次不显示数值或显示1,则说明二极管是好的。若两次测得的数值均很小,则说明二极管内部短路。若两次测得的数值均很大或为1,则说明二极管内部断路	

表7-2 数据

二极管	正向压降	反向压降	二极管好坏
VD_1			
VD_2			
VD_3			
VD_4			
VD_5			
VD_6			

2. 实施作业并填写作业单（见表7-3）

表7-3 二极管及整流器的检测作业单

序号	作业内容	检查结果	备注（不正常的情况下注明）
1	二极管的极性判别	□正　常 □不正常	
2	二极管的好坏判断	□正　常 □不正常	
3	整流器的检测	□正　常 □不正常	

3. 完成作业后，请填写评价表（见表7-4）

表7-4 二极管及整流器的检测评价表

项目	评价指标	自评	组内互评
工作任务	认识作业要求	□合　格 □不合格	□合　格 □不合格
	按要求完成作业	□合　格 □不合格	□合　格 □不合格
	作业单填写完整	□合　格 □不合格	□合　格 □不合格

续表

项目	评价指标	自评	组内互评
职业素养	工作服整洁	□合　格 □不合格	□合　格 □不合格
	正确查阅维修资料和学习材料	□合　格 □不合格	□合　格 □不合格
	合作默契，交流顺畅	□合　格 □不合格	□合　格 □不合格
个人反思			
教师评价	教师签字： 日　　期：	成　绩 □合　格	 □不合格

（二）任务二：三极管及逆变器的检测

1. 实施作业前先填写本任务书空白内容（见表7-5及表7-6）

表7-5　三极管及逆变器的检测任务书

序号	作业内容	操作内容	要点或注意事项
1	判断管型和基极	将万用表拨到二极管挡，将红表笔接到任意一个引脚上，用黑表笔依次连接剩余两个引脚，若两次导通，则说明红表笔接的引脚为基极，该三极管为NPN型三极管。如果两次都不导通，红表笔依次换接其余两个引脚，重复以上动作。如果三次转换红表笔都没有得出结果，就将黑表笔接到任意一个引脚上，用红表笔依次连接剩余两个引脚，如果两次都导通，就说明黑表笔接的引脚为基极，该三极管为PNP型三极管	
2	判断集电极和发射极	观察红表笔接两个引脚时的测量值，值略小的为集电极，另一个为发射极	
3	判断三极管的好坏	将万用表拨到二极管挡； 红表笔接基极，黑表笔接发射极，若读数显示1，则说明发射结不通，三极管损坏； 红表笔接基极，黑表笔接集电极，若读数显示1，则说明集电结不通，三极管损坏； 红表笔接集电极，黑表笔接发射极，若读数为有限数字或滴滴响，则说明集电极与发射极间击穿，三极管损坏	

表 7-6 数据

	引脚1与引脚2间压降	引脚2与引脚3间压降	引脚1与引脚3间压降	PNP型/NPN型	三极管好坏	三极管引脚排列
VT_1						引脚1为　　极 引脚2为　　极 引脚3为　　极
VT_2						引脚1为　　极 引脚2为　　极 引脚3为　　极
VT_3						引脚1为　　极 引脚2为　　极 引脚3为　　极
VT_4						引脚1为　　极 引脚2为　　极 引脚3为　　极
VT_5						引脚1为　　极 引脚2为　　极 引脚3为　　极

2. 实施作业并填写作业单（见表 7-7）

表 7-7 三极管的检测作业单

序号	作业内容	操作过程	备注（不正确的原因）
1	判断管型和基极	□正　确 □不正确	
2	判断集电极和发射极	□正　确 □不正确	
3	判断三极管的好坏	□正　确 □不正确	

3. 完成作业后，请填写评价表（见表 7-8）

表 7-8 三极管的检测评价表

项目	评价指标	自评	组内互评
工作任务	认识作业要求	□合　格 □不合格	□合　格 □不合格
	按要求完成作业	□合　格 □不合格	□合　格 □不合格
	作业单填写完整	□合　格 □不合格	□合　格 □不合格
职业素养	工作服整洁	□合　格 □不合格	□合　格 □不合格

续表

项目	评价指标	自评	组内互评
职业素养	正确查阅维修资料和学习材料	□合　格 □不合格	□合　格 □不合格
	合作默契，交流顺畅	□合　格 □不合格	□合　格 □不合格
个人反思			
教师评价	教师签字： 日　　期：	成　　绩 □合　格	 □不合格

理论测试

一、填空题

1. 三极管的内部结构分为____区、____区、____区，引出的电极分别是___极（用字母___表示）、___极（用字母___表示）、___极（用字母___表示）。两个PN结分别为_____和_____。

2. 二极管的伏安特性曲线反映的是二极管的_____。

3. 二极管将一个_____封装在管壳内并引出两个电极。

4. 三极管具有_____作用。

二、不定项选择题

1. 汽车发电机的整流器是根据（　　）来工作的。
   A. 二极管的单向导电性　　B. 二极管的放大特性
   C. 二极管的反向击穿特性　　D. 二极管的饱和特性

2. 二极管的伏安特性曲线反映的是二极管（　　）的关系曲线
   A. 电压-电流　　B. 电压-电阻
   C. 电流-电阻　　D. 频率-电阻

3. 整流器是一种将（　　）转化成（　　）的器件。
   A. 直流电，电流电　　B. 直流电，交流电
   C. 交流电，交流电　　D. 交流电，直流电

144

4．逆变器是一种将（　　）转化成（　　）的器件。
   A．直流电，电流电　　　　　　B．直流电，交流电
   C．交流电，交流电　　　　　　D．交流电，直流电

三、判断题

（　　）1．汽车交流发电机就是利用二极管将发电机发出的交流电整流为直流电。

（　　）2．整流电路可以将正弦电压变为脉动的直流电压。

（　　）3．汽车发电机整流器的作用是指把发电机发出的交流电转换成直流电。

（　　）4．二极管可以在电路中起放大作用。

（　　）5．三极管可以在电路中起放大作用。

（　　）6．用万用表检测LED时可以使用"R×1k"挡。

四、简答题

1．画出二极管的结构图，并标出二极管两个引脚的正极、负极。

2．画出三极管的结构图，并标出三极管三个引脚的英文标识和中文标识。

拓展新知

中国芯

　　作为与半导体关系密切的新能源汽车专业的学生，除了要学好专业知识，一定要了解整个行业的发展。新能源汽车需要使用很多芯片，它们被用于控制车辆行驶、电池管理、车载信息娱乐系统等。芯片的短缺或供应问题会影响新能源汽车的生产和销售。最近几年，半导体芯片成为绝大多数现代电子产品和新兴技术的核心硬件之一。

　　随着资本、技术、人才的不断注入，国产半导体供应链持续催化、升级。华为麒麟芯片

的回归无疑是我国芯片制造全新的节点,它标志着我国在芯片领域已经实现了自给自足,并且达到了世界先进水平,对形成利于我国的芯片市场新格局起到强有力的支撑作用。

最近几年我国通过在新能源汽车、智能汽车领域推动技术创新和自主研发,在世界上大放异彩,标志着我国汽车依托电动化、智能化、数字化成功转型,保障了新能源汽车产业的发展,实现了弯道超车。我国在通往科技强国的路上仍有很多困难需要解决,这需要我们青年一代努力学习,以便在未来的职业生涯中更好地承担社会责任。

反侵权盗版声明

电子工业出版社依法对本作品享有专有出版权。任何未经权利人书面许可，复制、销售或通过信息网络传播本作品的行为，歪曲、篡改、剽窃本作品的行为，均违反《中华人民共和国著作权法》，其行为人应承担相应的民事责任和行政责任，构成犯罪的，将被依法追究刑事责任。

为了维护市场秩序，保护权利人的合法权益，我社将依法查处和打击侵权盗版的单位和个人。欢迎社会各界人士积极举报侵权盗版行为，本社将奖励举报有功人员，并保证举报人的信息不被泄露。

举报电话：（010）88254396；（010）88258888
传　　真：（010）88254397
E-mail：dbqq@phei.com.cn
通信地址：北京市海淀区万寿路173信箱
　　　　　电子工业出版社总编办公室
邮　　编：100036